レゴ®すごい アイデア

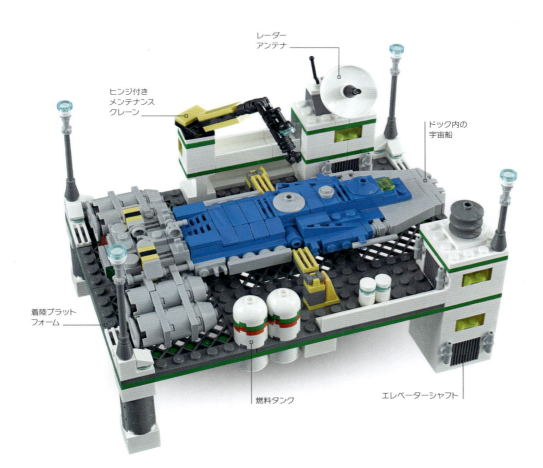

レゴ すごい アイデア

ダニエル・リプコーウィッツ 著　五十嵐 加奈子 訳

東京書籍

もくじ

ビルダーが知っておきたいこと	6
アウタースペース	**8**
メカウォーカー	10
万能ロボット	12
フォークリフトロボット	14
スペースローバー	16
宇宙の設備	18
プラネタリーポッド	20
スペースドア	22
SFらしいドアと壁	24
ギア付きのドアウェイ	26
リサーチラボ	28
ハイドロポニクス・ベイ	30
ラボのツール ギャラリー	32
エイリアン	34
もっといたエイリアン	36
まだまだいたエイリアン	38
宇宙の植物と景色	40
マイクロスケールの宇宙船	42
マイクロ宇宙船団	44
マイクロスケールで作る宇宙の建物	46
シャトル宇宙船ザイコン	48
アウタースペースのジオラマ	50
モダン・メトロポリス	**52**
ベーシックなモジュラービル	54
いろいろなモジュラービル	56
街の建物	58
街の博物館	60
屋根の組み立て	62
テーブル＆チェア ギャラリー	64
家具ギャラリー	66
街で見かけるもの	68
自動車を作る	70
街の乗り物	72
車のバンパー	74
ライト、標識、信号ギャラリー	76
ファーマーの畑	78
野菜を育てる	80
植物ギャラリー	82
農場	84
レジャー活動	86
ファームハウス	88
モダン・メトロポリスのジオラマ	90
ワイルド・ウエスト	**92**
荷馬車	94
荷馬車は走る	96
西部の景色	98
騎兵隊の砦	100
監獄	102
町の風景	104
西部の酒場	106
看板	108
タウンアイテム ギャラリー	110
蒸気機関車	112
列車の車両	114
昔の金鉱	116
リバーボート	118
リバーボート（続き）	120
ならず者のかくれ家	122
ワイルド・ウエストのジオラマ	124
ファンタジーランド	**126**
ファンタジーハウス	128
キューブビレッジ	130
ファンタジールーフ ギャラリー	132
フェンスと小道	134

滝	136
ファンタジーリバー	138
フラワー ギャラリー	140
空想の世界の生き物	142
木のすべり台	144
ツリーハウス	146
お城の壁	148
いろいろなお城の壁	150
お城の壁（続き）	152
お城の塔	154
ファンシーな塔	156
お城の見どころ	158
クリームパイ・カタパルト	160
お城の完成	162
ファンタジーランドのジオラマ	164
リアルワールド	**166**
携帯電話	168
テクノロジー	169
ステーショナリー	170
キッチンスケール	172
バスルーム	174
サイエンス・キット	176
バナナ	178
フルーツと野菜	180
ジンジャーブレッドマン	182
いろいろな焼き菓子	184
ケーキとペストリー	186
アイスキャンディー	188
冷たいおやつ	189
スイーツ ギャラリー	190
ボックス入りのチョコレート	192
リアルワールドのジオラマ	194
ブロック ギャラリー	196
奥付・謝辞	200

この本について

この本では、作品づくりに役立つアイデアやテクニックを見つけて独自のモデルが作れるよう、組み立てかたをくわしく説明しています。また、みなさんが自分だけのすばらしいレゴ®ワールドを構築できるように、さまざまな種類のページが用意されています。

ページの上にある色つきのバーに、次のようにページの種類が表示されています。

次の7種類のページがあります。

組み立てかた
ひとつのモデルができるまでをスタートから完成まで順をおって見ていきましょう。ステージごとに、組み立てに役立つアドバイスもあります。

ほかに何が作れる？
ひとつのモデルの作りかたがわかったら、そのテクニックやアイデアを独自のモデルづくりに生かす方法を見つけましょう。

モデルギャラリー
ひとつのシーンを完成させるにはディテール（こまかい装飾）が大切です。モデルギャラリーでは、少ない数のパーツで作れる小さなモデルが紹介されています。

世界を広げる
そこでストップしないで！ モデルがいくつかできたら、もっと世界を広げませんか？ このページでは、モデルやシーンをさらに組み立てていくためのアイデアを提供します。

ビルダーのひみつ
しーっ！ このページでは、むずかしい部分の組み立てかたやモデルの動かしかたを、ビルダーがこっそり教えてくれます。テクニックをマスターして、友だちをあっと言わせましょう！

大作モデル
大型のモデルや、とびきりおもしろいアイデアが紹介されているページです。じっくり見て、アイデアを生かした独自の大作モデルを組み立てましょう。

ジオラマ
ジオラマのページでは、その章で紹介されたモデルがひとつのシーンに勢ぞろいします。

さぁ、始めましょ！

ビルダーが知っておきたいこと

すばらしいレゴ®モデルを作る第一歩は想像力あふれるアイデアですが、テクニカルなノウハウも必要です。ここでは、この本全体で使われている用語やテクニックをいくつか紹介します。

レゴ®の用語

レゴ®ビルダーはひみつの暗号で話しているように聞こえるかもしれませんが、だいじな用語をいくつかおぼえたら、あなたもプロっぽく話せるようになります。

ポッチ
ブロックやプレートの表面にある丸いでっぱりを「ポッチ」と呼びます。ポッチは、ブロックやプレートの裏側にある「チューブ」にぴったりはまります。

ブロック
ブロックは、すべてのモデルのベースになります。どんなものでも作れるように、さまざまな形や大きさ、色、テクスチャー(材質感)のブロックがあります。

プレート
プレートも表面にポッチ、裏側にチューブがあり、ブロックとよく似ています。おもな違いは、プレートのほうがブロックよりもかなり薄いことです。

タイル
タイルは、厚さはプレートと同じですが、ポッチがなく表面が平らです。デコレーションとして、あるいは何かをすべらせるためのなめらかな面を作りたいときに使ってみましょう。

穴
穴のあいたブロックやプレートは、モデルのいくつかの部分をつなげるのに便利です。バーや車軸(十字軸)、レゴ®テクニックピンなど、連結用のパーツを穴に通すことができます。

パーツの構造

1×2とか、6×6とか、1×2×6とか……レゴ®のパーツの説明は、まるで算数の授業みたい。でも、大きさのしくみをおぼえてしまえば、とてもかんたんです。

縦横の大きさ

ビルダーは、パーツの大きさをポッチの数で表現します。ポッチが横に2つ、縦に3つあるブロックなら「2×3のブロック」。「4×4のラウンドプレート」は、円の直径がポッチ4つ分のプレートという意味です。

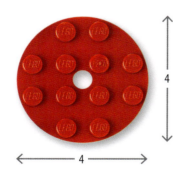

ブロックの高さ

パーツの名前に3つの数字がある場合、3つ目の数字は「高さ」です。スタンダードなブロックの高さが基準となり、たとえば「1×2×5のブロック」なら、ふつうの1×2のブロックの5倍の高さのブロックという意味です。

プレートの高さ

ブロック1個とプレート3枚の高さはちょうど同じ。つまり、1×2×5のブロックと同じ高さにするには、プレートが15枚必要です!

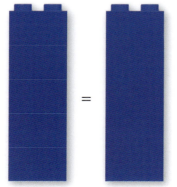

1×2のブロックが5個 = 1×2×5のブロック

1×2のブロック

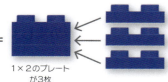
= 1×2のプレートが3枚

髪の毛がないから、おれの身長はちょうどブロック4個分だ。

面積

モデルづくりを始めるさい、基礎板をベースにして組み立てていくと便利です。レゴ社が製造している最大の基礎板はポッチが48×48のものですが、もっと小さなプレートしかなくてもだいじょうぶ! 8×16のベースが必要なら、8×8のプレートを2枚、または4×8のプレートを4枚使ってみましょう。その上に小さなプレートかブロックをかさねていけば、プレートどうしが連結されます。

8×16のプレート =

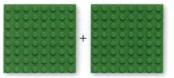
8×8のプレート2枚 =

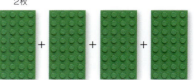
4×8のプレート4枚

組み立てかた

パーツの組み立てかたは何通りもあります。組み立てかたひとつで、モデルに安定感を与えたり、よりきれいに見せたり、動かすこともできます。

上へ

ブロックをシンプルにかさねるだけの方法は、細い柱を作ったりストライプを入れるのには便利ですが、本物のレンガの壁と同じで、レゴ®の壁もブロックをジグザグにかさねたほうが強度は大きくなります！

シンプルにかさねたブロック

ジグザグにかさねたブロック

下へ

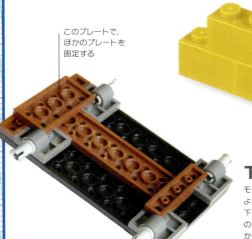

このプレートで、ほかのプレートを固定する

モデルの土台がしっかりするよう、丈夫なプレートを下からオーバーラップ（複数のパーツにまたがるようにかさねる）させましょう。上のパーツが固定されて連結力が高まります。

横へ

横方向にディテールを加えたい場合は、側面ポッチ付きのパーツを使えば、横にパーツを連結させることができます。レゴ®ビルダーは、このテクニックをSNOT（ポッチを上向きにしない組み立てかた）と呼びます！

4方向ポッチ付きブロック 1×1

全方向へ

ヒンジやジョイントを使って、モデルにおもしろいアングルや動きをつけましょう。ヒンジやジョイントにもいろいろな形のものがあり、モデルにさまざまな動きや形を与えます。

ヒンジプレート

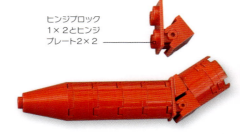

ヒンジブロック1×2とヒンジプレート2×2

スケール

組み立てはじめる前に、どんな大きさのモデルにするかじっくり考えましょう。モデルの大きさは、もっているパーツの数や組み立てにかける時間、完成後の遊びかたによって決まります。ここでは、おもなスケールを3つ紹介します。

わーい！この車はちょうどいい！

この宇宙船は小さすぎる！

このくしは、大きすぎ！

マイクロスケール

これは、離れてながめるモデルづくりに合うスケールです。上の写真のような小さな宇宙船が飛びかう壮大なスペースバトルのシーンなどが作れます。ただし、小さな小さな乗組員については想像するしかありません！

ミニフィギュアスケール

この本に出てくるモデルの大半は、レゴ®のミニフィギュアに合わせたスケールで作られています。つまり、ミニフィギュアがモデルに入ったり乗ったりできるということです。

実物大

ときにはミニフィギュアではなく人間にちょうどいいサイズで作ってみるのも楽しいものです。このサイズは、レゴ®のくしのように、身のまわりにあるものを作るのに向いています。

アウタースペース

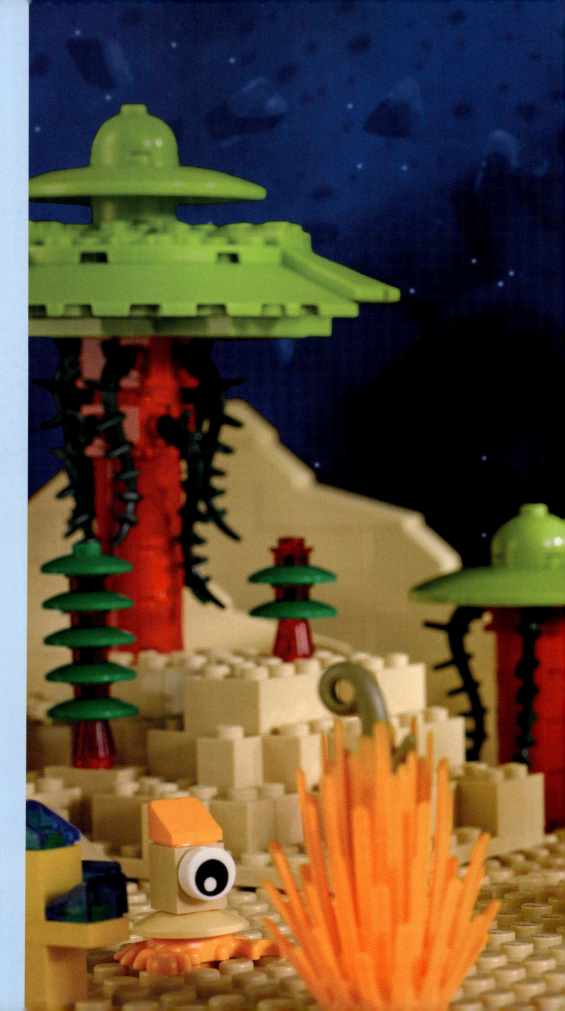

時は2531年。宇宙船"ザイコン"は、未知の惑星ポルガの軌道に到達しました。勇かんなクルーに与えられたミッションは、惑星に着陸し、その星の特徴を調査し、探査用コロニーを建設すること。この宇宙探検で何と出会い、何を発見するのか——それは誰にもわかりません。ひとつだけ確かなのは、ブロックがどっさり必要になること！

| アウタースペース | ロボット | 組み立てかた |

メカウォーカー

着地！宇宙飛行士たちが着陸しました。彼らの最初の目標は、未知の世界を探索するのに役立つものを作ること。惑星ボルガの地面は岩だらけででこぼこしているので、車輪よりも足のほうが便利。どうやら、コロニー作りにはメカウォーカーの力がいりそうです。

ここからスタート

- レゴ®ヒーロー・ファクトリーやレゴ®バイオニクル®のセットに入っているボールジョイント
- アーマーのパーツを脚上部のボールにはめこむ
- 足首が前に曲がりすぎないように、前に高いブロックをつけてくいとめる

1 まずは足から

メカの脚と足を先に組み立てます。動く手足を作るにはヒンジも便利ですが、ボールジョイントのほうが、よりフレキシブルに動かせます。大きくどっしりした足で、メカの安定感が増します。

- 前に張り出しているぶん、後ろを重くしてバランスをとる
- 脚のつけねの部分で、ソケット付きブロックとボールジョイントを連結させる
- ボールジョイントを正しい位置に保つのは摩擦力。モデルが重すぎると支えきれないかもしれない。

2 コックピットベース

ロボットなら自分で動きますが、メカには操縦士が必要です。脚の上にミニフィギュアの操縦士がすわれる大きさのプレートをつけて、コックピットベースを作りましょう。

- 透明な水色のパーツで、光っているように見える
- サイドリング付きプレートは、いろいろな装備を連結させるのに便利
- 逆スロープでコックピットの下にボリュームを与える

新しい惑星を、早くガシガシ歩いてみたい。

3 頑丈なボディー

操縦士用のスペースをあけて、メカの本体を組み立てていきます。この段階でライトやロボットらしいディテールを加えましょう。

背面

2×2の方向舵のパーツがコックピットの側面になる

白いボディーに黒いパーツがいいアクセントになる

アングルプレート

1×2のジェットエンジン付きプレート

1×2の透明なプレート

パワーアップ

メカの動力源は、背面にアングルプレートで連結させたエンジン。1×2の透明なプレートですきまをうめ、上からタイルをかぶせて固定します。

背面

4 形ができてくる

なめらかで未来的なボディーに、くっきりした色のディテールを加え、コックピットの背面と側面を組み立てます。つねに「軽く・丈夫に」を心がけましょう。

コックピットらしいクールなディテールを加え、操縦士がぴったり入るかテストしよう！

メカにとっては小さな一歩だが、ミニフィギュアにとっては偉大な飛躍である！

アンテナは細い棒のパーツと1×1のコーン、1×1の透明な青のラウンドプレート

クリップ＆バー連結でウィンドシールドが開閉し、操縦士が乗り降りできる

旗のパーツをクリップ連結させると、側面がメカらしい形になる

センサーは、レーダーアンテナを2枚かさねてクリップにはめこみ、メカの前面に組みこんだハンドルに連結させる

サイドリングの後方にはめこんだライト

5 準備完了！

コックピットのウィンドシールドやセンサー、通信アンテナなど、最後のディテールをカチッとはめたら、メカの完成。いよいよ惑星探検に出発です！

万能ロボット

メカウォーカーを使った調査のおかげで、コロニーを建設するのにいい場所が見つかりました。そこで、宇宙飛行士たちは建設作業を手伝ってくれる便利なミニロボットを組み立てることにしました。それぞれのロボットには、独自の機能やプログラムが組みこまれています。

次は何を作る？

メカは操縦士が乗れるだけの大きさが必要だが、ロボットなら好きな大きさにできる。

カメラ＝ボット

コマンド＝ボット

きみは、ぼくのロボットブラザーかい？

カメラ＝ボット
ひとにぎりの小さなパーツがあればロボットが作れます。このロボットは高性能のカメラアイをもち、自然災害や未知の生物を監視します。

本体と脚をリング付きプレートで連結すると、ポーザブルなロボットになる

脚はミニフィギュアのリボルバー

足はレーダーアンテナ

いいえ、わたしはあなたのトランシスターよ

1×2の垂直バー付きプレートを使って武器やツールを取りつける

ほかのロボットと交信するためのトランシーバー

ビーッ、おしゃべりしないで仕事しろ！

コマンド＝ボット
回転する長い腕をもつコマンド＝ボットは、かんたんな科学実験や応急処置などができます。遠くへ移動する必要はないので、脚はありません！

レンチのパーツで作った回転する腕

ロボットを移動させたければ、このレーダーアンテナをホバーブースターにすればいい

メンテナンス＝ボット

メンテナンス＝ボット

より高度なこのロボットは、フォークリフトロボット（14-15ページ）とペアを組んで、クルーのシャトルで働きます。小さなパーツをたくさん使うことで、ディテールに富んだ表情ゆたかなロボットが作れます。

- 1×1のクリップ付きプレートでミニフィギュアのツールを固定する
- 足を大きくすると倒れにくくなる

動く部位

メンテナンス＝ボットの頭や腕、脚は、ボディーとクリップ＆バー連結し、動かすことができます。クリップ付きバーホルダーの首をつければ、頭を上下左右に動かせます。

- 脚を1×1のハンドルバー付きブロックに連結させる
- スロープやカーブのついたパーツで体の形を整える

ワーカー＝ボット

ワーカー＝ボット

タフでコンパクトなワーカー＝ボットは、組み立てや修理作業を手伝う"何でも屋"ロボット。ピストンが組みこまれ、小さいけれどおどろくほどの力持ちです。

- ロボットアームの手首にクローがぴったりはまる
- ダブルブラスターがピストンらしいディテールになる

ガード＝ボット

ガード＝ボット

アーマーを装着したこのロボットは、基地の外をガードします。クリップ＆バー連結した腕はポーザブル（動かしてポーズを変えられる）で、クローの手で防護用のザッパーポールをしっかりとにぎります。

- バーとライトセーバーの柄、1×1の透明な電球で作ったライト付き警棒
- クリップと同じように、クロー（メカニカルクロー）は棒状のものを持たせるのに便利
- 脚は手と同じクローのパーツ
- 1×2のバー付きプレートにタイルをかぶせた足

テレショルダー

ガード＝ボットの頭とボディーをつないでいるのは、電話（テレフォン）の受話器。ロボットアームを使った肩が受話器の真ん中にカチッとはまります。

フォークリフトロボット

このオールテレイン（全地形万能）フォークリフトロボットは、重すぎて宇宙飛行士たちには持てないものを運んでくれます。タイヤで走る車と脚で、歩くメカのパーツや特徴を組み合わせて、マルチモードのロボットを作りましょう。

ロボットの側面にあるレゴ®テクニックの穴あきブロックに、コネクターピンをはめこむ

黒いレゴ®テクニックピンは、フリクション（摩擦力）でフォークの位置を保つ

フォークリフトの機能
フォークリフトのメカニズムには、レゴ®テクニック ハーフビーム4本、7穴のL型ビーム2本、コネクターピン（フリクションタイプも含む）がいくつか使われています。

ひたすら前進
フォークリフトロボットは、なめらかな地面をぎざぎざのタイヤで走ります。そしてでこぼこの地面にさしかかったら、ボールジョイントで連結した4本の脚をのばして歩きます。

プレート1枚とブロック2個で、シンプルなカーゴパレットを作ろう

ウォーキングモード

脚のデザインは、昆虫がヒント

宇宙飛行士たちは、後方につけたはしごで乗りこむ

組み立てスタート

動くモデルを作る場合、動かす部分を先に組み立てましょう。望みどおりに動かすことができたら、そのあと残りの部分をデザインします。

カーゴコンテナは、2×2のラウンドブロックを2つかさね、その上に2×2のラウンドタイルをかぶせる

**フォークを
おろした状態**

平行な2本のビームが、上下に動くフォークを水平に保つ

**フォークを
持ち上げた状態**

サイドリング付きプレートに1×1のコーンとラウンドプレートをはめたヘッドライト

この小さなボールジョイントは、レゴ®クリーチャーのセットの多くに入っている

脚が縮み、走行モードになる

脚をつける
位置に
気をつけて！

15

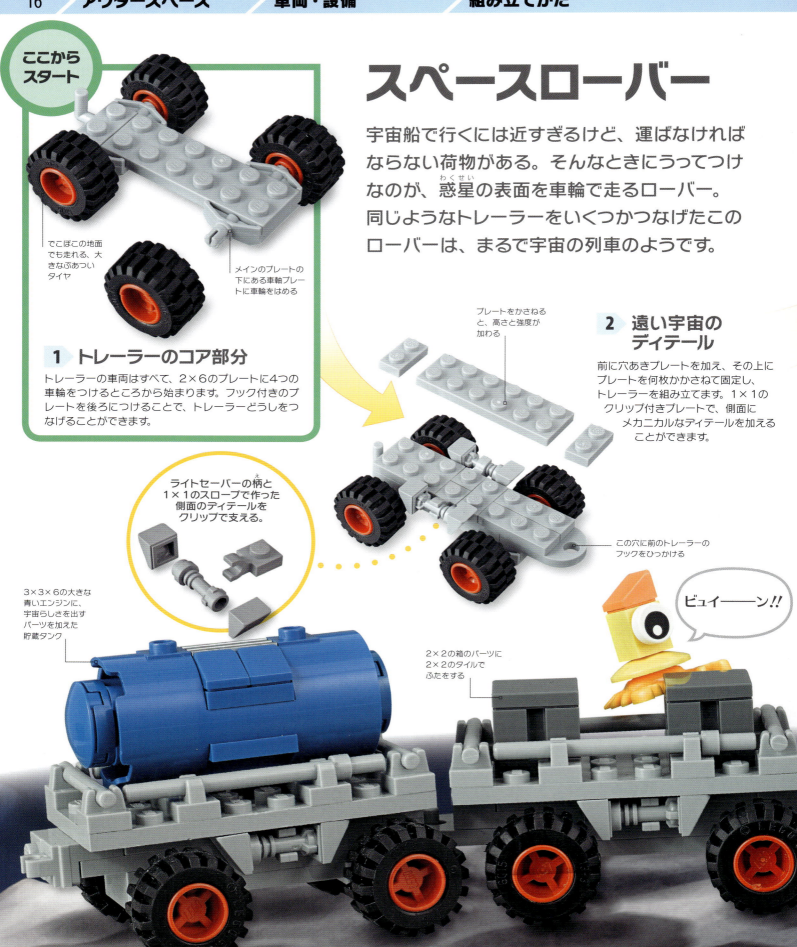

宇宙の設備

新たな惑星で生活しながら仕事をするには、たくさんのテクノロジーが必要です。有能なエンジニアリング・チームが中心となって、宇宙飛行士たちが惑星ボルガで使う宇宙時代の設備をすべて建設します。

プリント付きスロープブロック

1×2のテクスチャーブロック（表面にみぞがあるブロック）でディテールを加える

データコンソール

がっしりしたパーツと丸みのあるパーツを組み合わせて、コンピュータシステムを作りましょう。宇宙船の中でも未知の世界でも、どちらでも役立ちそうです。

フレキシブルチューブをクリップにはめたパワーケーブル

これは8×8のレーダーアンテナ。もっているなかで最大のアンテナを使おう！

クリップヒンジ連結で、アンテナの向きを上下に変えられる。

複数のパーツで細長いタワーを組み立てるより、ガーダーのパーツひとつのほうが強度が高い

パラボラアンテナ

惑星の表面にパラボラアンテナを設置すれば、調査チームは軌道上の宇宙船と交信ができます。ここで役立つ便利なパーツは、高いガーダー（支柱）と大きなレーダーアンテナ。

回転するロボットアームをバーにはめこむ

レゴ®テクニックピンで連結した、タイヤなしのホイールハブ

スペーストローリー

宇宙飛行士だって、ときには自力で荷物を運ばなければなりません。ロボットアームで荷物を固定するこのハイテク台車は、どんなに重力が大きい惑星にも対応できるよう頑丈にできています。

「電話を充電するだけで、こんなにエネルギーがいるの。」

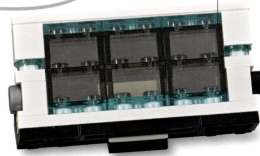

パネルは透明なグレーのブロック、上下の部分は透明な青のプレート

ジェットバイク

未開拓の世界では、すばやく飛んで移動できるジェットバイクが人気です。本体は2×4のプレートをベースに組み立てられ、おもしろいディテールをたくさん加えられるように、側面ポッチ付きブロックや、クリップやバーのついたパーツが多く使われています。

- フロントバンパーは、グリルのパーツ1個
- ヘッドライトは、本体と連結させたバーのパーツにはめこむ
- ハンドルバー付きプレートに連結させた旗のパーツが、安定飛行に必要な翼になる
- エンジンの排気口は光線銃のパーツ

ジェネレータ（発電機）

ポータブルなマイクロフュージョンジェネレータがあれば、宇宙のかなたまでスペアのバッテリーを持っていかなくてもだいじょうぶ。変わった形の小さなパーツを使い、ディテールを加えます。

- パイプやチューブはグリル、リボルバー、双眼鏡でできている
- すべてグレーで統一すると、いかにも機械らしく見える

グリーブル

1×4のプレートでヒンジをつなぎ合わせ、1×1のトップクリップ付きプレートでリボルバーを固定します。このようなこまかいメカニカルなディテールのことを、レゴ®ファンは"グリーブル"と呼んでいます。

エネルギー・アレー

フレキシブルなホースでモジュールをつなぎ合わせ、ソーラーパネル、燃料電池充電プラットフォーム、プロペラが回転する風力タービンからなる、宇宙のエネルギー・アレー（発電装置）を構築しましょう。

- 燃料電池は、いずれも2×2のラウンドブロック2個、ラウンドプレート1枚、ドーム型ブロック1個でできている
- 幅の広いしっかりした土台を組み立てる。基礎板を使ってもいい

| 20 | アウタースペース | 車両・設備 | 大作モデル |

プラネタリーポッド

コロニーができるまでのあいだ、宇宙飛行士たちはこの仮設居住モジュールで暮らします。軌道上から惑星(わくせい)に落下させたこのポッドは、ちょっと狭いかもしれませんが、未知の世界で生きていくのに必要なものがすべてそろっています。

レゴ®テクニックのTバーとロボットアームを使った、曲げ伸ばしができる構造

8×8のプレートをベースにした、取りはずし可能なルーフ

ルーフコーナースロープ

ドアハッチ
ハッチの作りかたは反対側の窓とほぼ同じですが、ヒンジプレートを使っているためドアを大きく開くことができます。ドアの取っ手は1×1の垂直バー付きブロック。

スペースハウス
このポッドは、ベーシックな四角い形に組み立てられていますが、スロープやさまざまなディテールのおかげで、ただの箱には見えません。竹馬のような支柱がある高床式で、はしごをのぼったところにはエアロック式ハッチがあります。屋上にある通信アンテナで、つねにコロニーの宇宙船と交信しています。

支柱は、逆スロープ、1×1のラウンドブロック、土台部分のL型コーナーブロックでできている

光るライトがわりに、この1×1のプレートのような透明なパーツを組みこむ

はしごは、バーがついた1×4のフェンス。ポッチにタイルをかぶせ、1×2のクリップ付きプレートでモジュールに連結させる

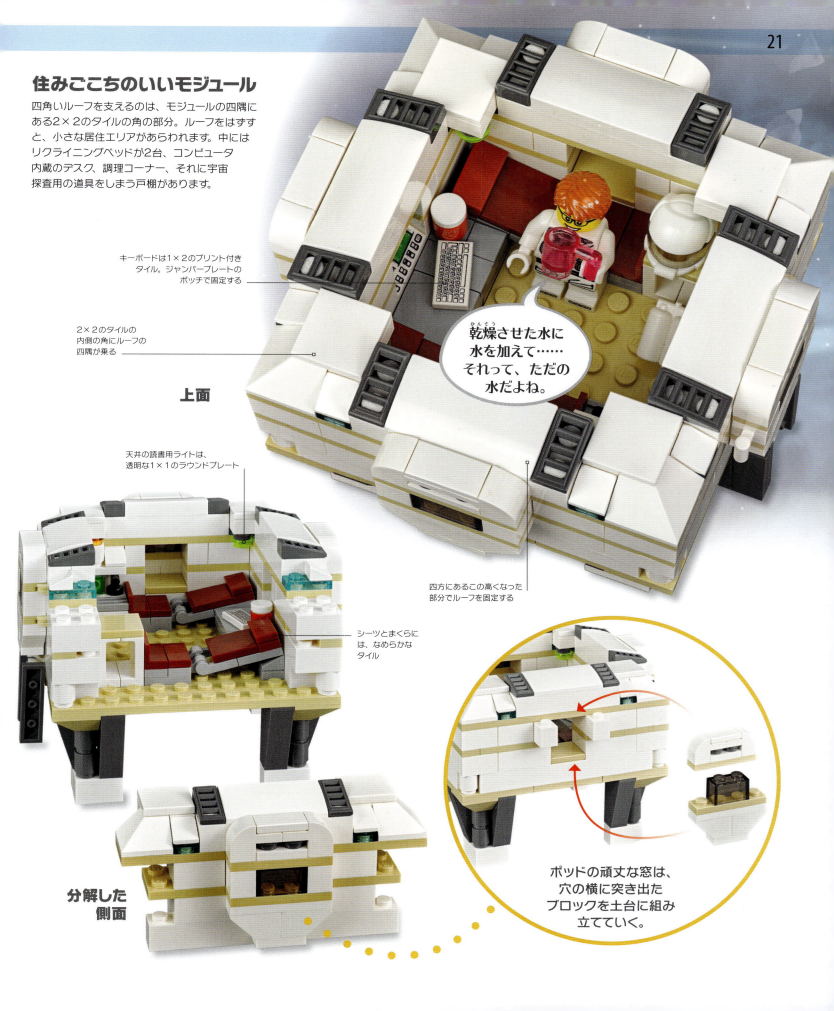

スペースドア

そろそろコロニーのワークスペース建設にとりかかってほしい——ミッションコマンダーから新たな指令が届きました。呼吸のための空気が逃げないように、そして宇宙の塵が室内に入ってこないように、クルーはまず頑丈なドアを作らなければなりません。

ここからスタート

これは6×8のプレートだが、もっと小さいプレートをいくつかならべてもいい

クリップ&バー・ヒンジ用にバー付きプレートを使う

1　ドアの組み立て

まずドアを先に組み立てます。モデルにどのように連結させ、どのように開けるかを考えながら、ディテールや厚みを加えていきましょう。

2　壁の土台

次に、基礎板を使って壁を組み立てていきましょう。閉めたときにドアがそこで止まるように、開口部はドアよりも少し小さくします。

格子やパネルにはグリルを使うといい

プレート2枚分の敷居をつけると、ドアが中まで入りこまない

まずベーシックな壁を組み立て、ドア用の開口部の大きさを決めよう。

クリップ付きプレートをタイルで固定する

3　ドアの連結

ドアのヒンジ用に、壁にクリップを組みこんでおきます。その方法は自由ですが、しっかり固定されるようにしましょう。このドアのクリップ付きの部分は、壁に組みこんだ1×4の側面ポッチ付きブロックと連結しています。

はしごのパーツが排気口になる

ドアをつけたときに、上端がここより高くなるようにする

こちら側も同じように壁を組み立てるが、クリップはつけない

4　壁を組み立てる

壁の両側を組み立て、ドア用の開口部を作ります。ごつごつしたSFっぽいディテールを加え、ユニークなドアを作りましょう。開口部はドアよりも少し小さくします。

壁の下のほうを厚くすると安定感が増す

23

壁全体に渡せる長いパーツがなければ、パーツを何層かジグザグに積みあげて強度を高める

サイドレール付きプレートが、ドアの上の樋になる。宇宙の酸性雨を受け止めてくれるかもしれない！

5 すきまをうめる

両側の壁を同じ高さに組み立てたら、長いプレートかブロックを上に渡して壁全体をつなぎ合わせ、ドアの上の部分を完成させます。

ドアは開口部全体をおおい、動かしてもはずれないようにする

こちら側をコロニーの中にしてもいいし、外にしてもいい

宇宙の散歩にうってつけの、いい天気！

6 ちょっとお散歩

てっぺんに宇宙スタイルのディテールを加えたら、ドアの完成です！ これでようやく、宇宙飛行士たちは安全にコロニーに出入りできるようになりました。色やディテールを変えて、ほかにも同じようなドアを作ってみましょう。

基礎板に宇宙ステーションや未知の惑星らしい装飾を加えてもいい

SFらしい
ドアと壁

ドアといえばたいてい長方形で、ほとんどの壁は平らでなめらかです。でも、未来のドアや壁を想像するなら、選択肢は宇宙と同じくらい無限です。SFらしいモデルをいくつか組み立てて、インスピレーションをみがきましょう。

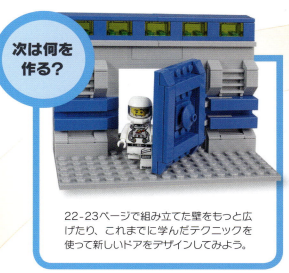

次は何を作る？

22-23ページで組み立てた壁をもっと広げたり、これまでに学んだテクニックを使って新しいドアをデザインしてみよう。

シンプルな壁

壁を組み立てるときのコツは、大きなプレートを使い、クリックヒンジで土台と連結させることです。あまり高くしすぎると、ヒンジの力ではおさえきれなくなるので注意しましょう。

シンプルな壁

プラットフォームのセクション

- 格子のついたプレートは、SFらしい壁板に最適
- 青と透明な黄色のパターンは、ドアの上の部分と完全に同じではないが調和している
- ラウンドタイルで中央のポッチがかくれる
- この青いタイルは、スペースドアからつながるストライプもよう
- この真ん中のセクションは、前のページにあるスペースドア

「外はどんな感じ？」

「空気も魅力も、とぼしいね。」

クリックヒンジ連結

スライディングドア

- ボールと1×1の コーンで作った ハイテクな柱

大きくスライドするドア

箱型の壁に組みこまれた小さな壁のようなドアです。ドアの底はタイルなので、床にひっかからず左右にスライドします。

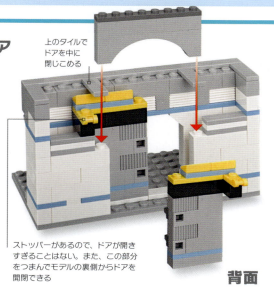

- 上のタイルでドアを中に閉じこめる
- ストッパーがあるので、ドアが開きすぎることはない。また、この部分をつまんでモデルの裏側からドアを開閉できる

背面

スライディングドア

楽しいチャレンジとして、スライド式で開閉するSF感覚たっぷりのドアを作ってみましょう。まわりの壁をぶあつくして、開けたときにドアがかくれるスペースを作ります。

- 1×1の側面ポッチ付きブロックにつけたクリップでバーを固定したドアハンドル
- これは起動ボタンにも警報ランプにもなる

未来的なフローリング

土台に空間を作り、床にもようをつけます。表面にみぞがあるパーツとタイル、プレートで壁のように組み立てたものを、その空間にはめこみます。

- はしごとスロープを交互に配置する

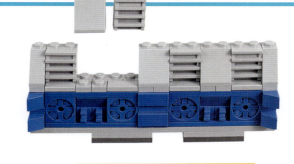

- プレートとタイルで細い黄色のストライプをつける

「あのドアストッパー、なんだかあやしい。」

プラットフォームのセクション

このセクションには、前ページのシンプルな壁よりもずっと高度なデザインが使われています。この床は基礎板ではなく、ブロックで組み立てたものです。横方向の組み立て用のパーツを使い、ディテールを盛りこんだ壁と連結させます。

- 黄色のグリルがよく目立つステップになる

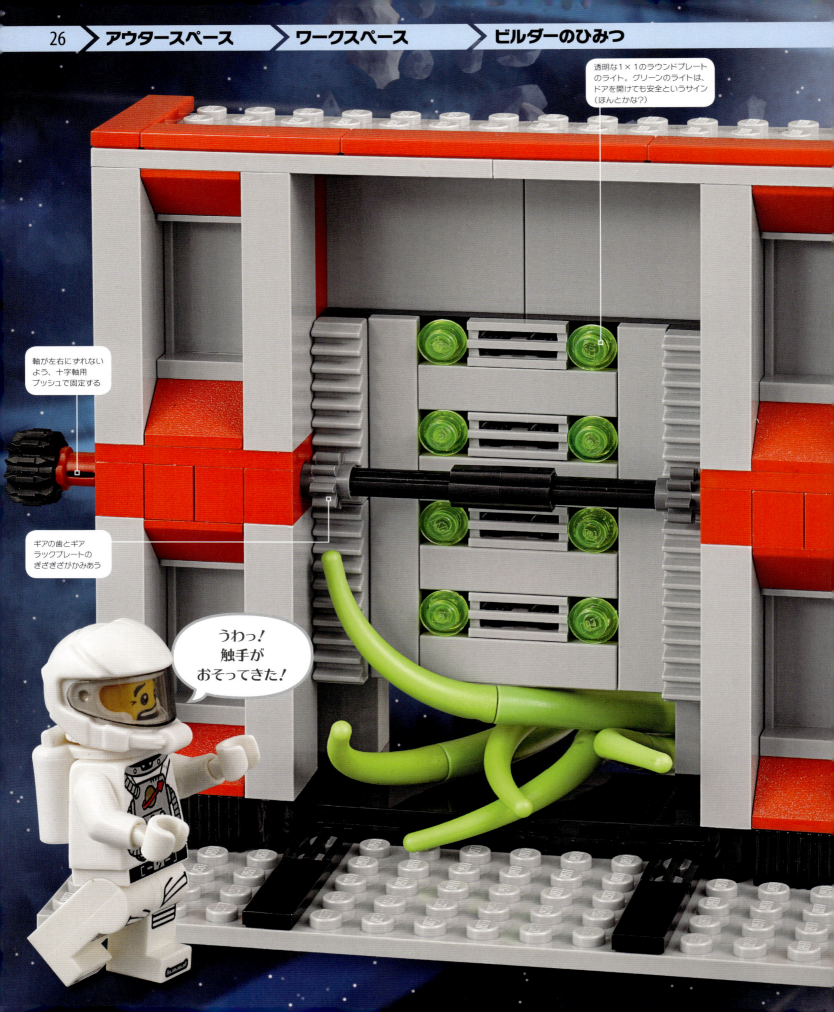

ギア付きのドアウェイ

スペースドアのむこうで、おかしな警報が鳴っています……。このドアにはレゴ®テクニックのギア(歯車)が組みこまれ、ノブを回すと扉が持ち上がります。でも、変なものが入ってこないように気をつけて!

丸穴が3つある1×4のレゴ®テクニックブロックに十字軸を通す。

1 壁の穴

ドアを上下に動かすには、モデルの端から端まで、1本の十字軸をまっすぐに通さなければなりません。丸い穴があいたブロックを組みこんでドアウェイ(戸口)を組み立てましょう。その穴が十字軸を支え、中で軸がスムーズに回転します。

十字軸がまっすぐ通るように穴あきブロックをならべる

レゴ®テクニック コネクターで2本の短い十字軸をつなげ、1本の長い十字軸にする

2 十字軸を通す

両サイドにある穴にそれぞれ十字軸を通し、内側に8歯の小さなギアをつけます。その2本の軸を、レゴ®テクニック コネクターを使って中央でつなぎます。そのあと外側にブッシュをさしこみ、ノブとしてギア(ダブルベベルギア)を加えます。

8歯ギア　　レゴ®テクニック十字軸　　ブッシュ　　12歯ダブルベベルギア

閉じたときにはずれないように、ドアはギアの位置よりも高くする。

3 ドアの取りつけ

ドアを組み立てたら、十字軸にはめた8歯ギアがドアのギアラックプレートとかみあうように、上からさしこみます。

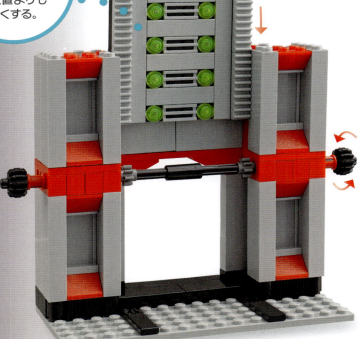

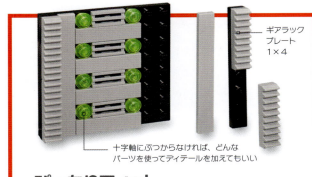

ギアラックプレート1×4

十字軸にぶつからなければ、どんなパーツを使ってディテールを加えてもいい

ぴったりフィット

このドアをうまく動かすポイントは、ドアの両端につけるギアラックプレートの幅です。軸にはめたギアとちょうどよくかみあうように、ギアラックプレートはプレートを2枚かさねた上につけます。

リサーチラボ

スペースコロニーのリサーチラボで、サイエンスチームは採取したサンプルを分析し、この新たな惑星での生活について研究しています。リサーチラボには、未来的な道具やハイテク装置がたくさんあります。

奇妙なサイエンス

リサーチラボで、研究者たちは調査チームが持ち帰った鉱物や大気、おかしな宇宙の植物などを分析します。有害な化学物質を調べるためのヒュームフード（排気装置）から、検査ツールやスキャナーを使って流れ作業で分析するためのベルトコンベヤーまで、必要なものはすべてそろっています。

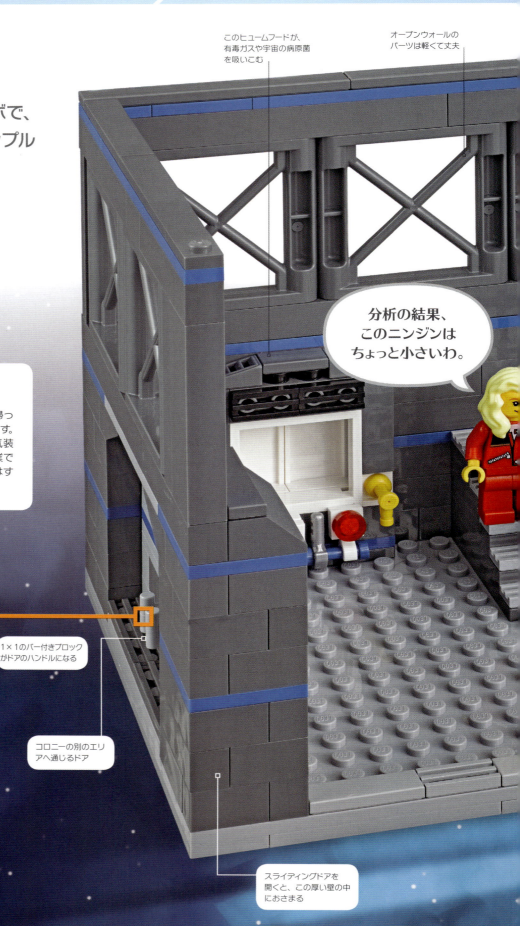

このヒュームフードが、有毒ガスや宇宙の病原菌を吸いこむ

オープンウォールのパーツは軽くて丈夫

分析の結果、このニンジンはちょっと小さいわ。

1×1のバー付きブロックがドアのハンドルになる

コロニーの別のエリアへ通じるドア

スライディングドアを開くと、この厚い壁の中におさまる

開け、ゴマ！

ラボのドア

ラボのスライディングドアは、25ページのドアと似ていますが、こちらは部屋全体のモデルに組みこまれています。

| アウタースペース | ワークスペース | 大作モデル |

ハイドロポニクス・ベイ

ハイドロポニクス・ベイ（水耕栽培室）は、食用の植物を栽培する場所です。温度が管理され、栄養たっぷりの環境が整っています。このモデルは、単独で組み立てることも、リサーチラボなど、ほかのコロニーモジュールと組み合わせることもできます。

宇宙の温室

スペースコロニーで暮らす科学者たちが、新たな惑星でおなかをすかせることはありません！彼らはこのハイドロポニクス・ベイで、自分たちの食料をたくさん育てています。部屋の壁に組みこまれたウォーターチューブから水が補給され、上にある栄養タンクからは養分が与えられます。

急速栽培タンク（32-33ページ）に入れられたニンジン

水を運ぶパイプは、望遠鏡と1×1のラウンドプレートでできている

ピザの実がないころは、みんな何を食べてたのかしら？

植物を育てるビタミン

3枚の葉がついた1×1のパーツを3個かさねた植物。実がなっている枝は1×2のプレート

たまっている水は透明な青のプレート

このハンドルでパイプ内の水圧を調整する

この実はまだ熟していない！

レゴ®テクニック コネクターピンで栄養タンクをレゴ®テクニック ビームと連結させる。そのビームを、壁の上にある2×2のサイドピン付きブロックにはめこむ。

側面

透明チューブ内の青い芯が、流れている水のように見える

栄養タンクは、レゴ®ヒーロー・ファクトリーのあるセットに入っているカプセルのパーツ

モジュールを連結する

モジュールを横にならべて連結すれば、リサーチコロニーができあがります。また、モジュールの上にあるポッチにタイルをかぶせておけば、別のコロニーモジュールをかさねたりはずしたりがかんたんにできます。

ラボのツールギャラリー

おもしろい形のパーツを新しい方法で組み合わせると、未来のサイエンスツールが生まれます。光線銃や双眼鏡、望遠鏡、水道の蛇口、ロボットアーム、クロー、レーダーアンテナ……そのほかいろいろなパーツを使ってみましょう！

カエル

宇宙のニンジン

フラスコ

容器

メカニカルクロー

クワドスコープ

ミニ ツールラック

「宇宙のすみずみまで、きれいにそうじしよう。」

急速栽培タンク

殺菌装置

バケツ

採集瓶

魚の標本

アトマイザー
（噴霧器）

スペクトルディッシュ

ウォーター
タンク

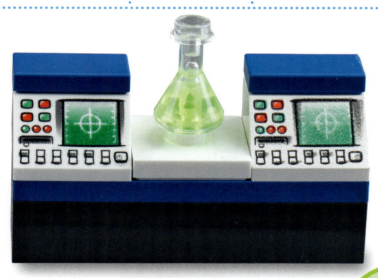
データステーション

ラボのベンチ

28-31 ページの
コロニーモジュール
で、ここにある
モデルを見つけた
かな？

植物栽培テーブル

ヒュームフード

エイリアン

ある宇宙飛行士から、エキサイティングなニュースが届きます。惑星ボルガでエイリアンが発見されました！ おもしろい形や色のパーツを組み合わせてエイリアンを組み立て、クリップ＆バー連結で動きを出しましょう。

ここからスタート

リングは8つのバーでできている

2×2の穴あきラウンドプレートを下に2枚つける

1 コアの部分

まず、エイリアンの体のコアとなる部分からスタートしましょう。タコのような脚をつけたければ、八角形のリング付きプレートがちょうどいい丸い形になり、いろいろなパーツを連結させることができます。

逆スロープで、ほかの3面の曲面スロープと似た形になる

1×2の十字穴あきブロック2個をレゴ®テクニック十字軸でつなぐ

横向きにした1×2／2×2のアングルプレートに曲面スロープをはめる

2 体を組み立てる

次に、1×2の十字穴あきブロック2個にレゴ®テクニック十字軸を通し、ステップ1のラウンドプレートの十字穴にはめこみます。それからアングルプレートを3枚使って、体となる丸みのあるパーツを連結させます。

3 頭をつける

プレート、逆スロープ、小さなアーチを使って頭を組み立てます。1×2のハンドルバー付きプレートを首の連結部分にし、1×2のボールソケット付きプレート2枚で、頭の上に目玉をつけます。

レゴ®ミクセル™シリーズに入っているプリント付きボールをレゴ®テクニック十字軸／ボールピンと連結させる。それをボールソケット付きプレートにはめこむと、ぎょろ目になる。

この薄いグレーのパーツは、ボールソケット付きプレートの後ろの部分

1×4のアーチ

1×2の逆スロープ

背の高い2×2のコーンの上に1×1の垂直クリップ付きプレートをかさねた首

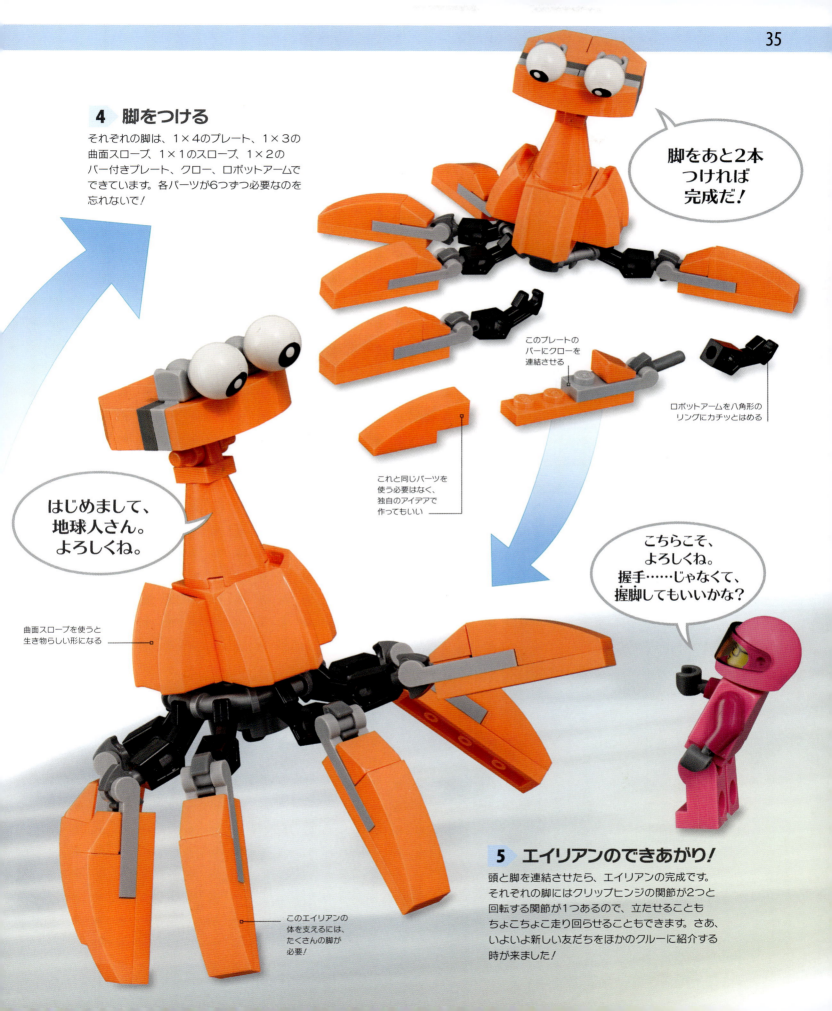

もっといたエイリアン

新たな星の探索を続けるうちに、宇宙飛行士たちはさらなるエイリアンと遭遇します。次から次へ、へんてこりんな姿のエイリアンがあらわれます。あなたの惑星を、ゆかいでフレンドリーなエイリアンでいっぱいにしましょう。

次は何を作る？

この見開きページに出てくるエイリアンはすべて、34ページで紹介した八角形のリング付きプレートからスタートする。もっているレゴブロックのなかから、手足になりそうなパーツを見つけよう。

スネイリアンの飛び出た目玉は、レゴ®ミクセル™シリーズの目玉のパーツと黒い1×1のハンドルバー付きコーン（"アイスクリームコーン"）、クリップ付きバーホルダーでできている。

スネイリアン
3つの目をもつこの生き物は、カタツムリ（スネイル）のように硬い殻にかくれて危険から身を守ります。動きはゆっくりですが、たくさんある幅広の足で、ほとんどどこにでもへばりつくことができます。

殻の両側はクォーターソーサーのパーツ

殻の内側
スネイリアンの殻は、ブロック、プレート、スロープで組み立て、側面ポッチ付きブロックで両側のクォーターソーサー（円盤を4分割した形のパーツ）を固定します。

脚は1×1のサイドクリップ付きプレートと、いろいろな長さのプレートや曲面スロープでできている

ファーガス

「エイリアン（alien）にアイ（i）は1つしかない。」

ファーガス

エイリアンスパイダーのファーガスは、組み立てがかんたんです。必要なのは、八角形のリング付きプレート、先端にクローをはめたロボットアーム6本、2×2のドーム型ブロック1個、それに目玉がプリントされたパーツだけ。

レゴ®ニンジャゴー™のセットに入っている金色のロボットアーム

クローはミニフィギュアのレンチとしても使える！

ダブルホーン（つの2本）のパーツを1×1のトップクリップ付きプレートにはめる

アルビノックス

「目（アイ）は1つより2つあったほうがいい。」

アルビノックスの目玉とつのは、1×1の4方向ポッチ付きブロックに連結している。

首は2×2のコーン

この長い脚は、ロボットアームとかぎ爪のパーツでできている

アルビノックス

この全身真っ白のエイリアンも、スタートは八角形のリング付きプレート。そこへかぎ爪のある脚をつけ、コーンにつのと丸い大きな目玉がついた頭を組み立てていきます。

前のほうの短い脚は、つののパーツ

まだまだいたエイリアン

宇宙飛行士たちは、惑星ボルガにはエイリアンがうようよいて、そこらじゅうをちょこちょこ歩きまわったり、すいすいすべったり、飛びまわったりしているのを発見します。ここで紹介するもののほかに、どんな姿のエイリアンを考え出せますか？

次は何を作る？

エイリアンは、どんな姿をしていてもかまわない。思いつくままに、好きな色や形、テクスチャーのパーツで組み立ててみよう。

スネイリアン・ジュニア

スネイリアン（36ページ）のジュニアバージョンは、殻は大きいけれど目はひとつしかありません！ そのうちに子どもの歯がぬけて、大人のスネイリアンに成長します。

- 頭は2×2の曲面スロープ
- 歯が3本ついた1×2のプレート

スネイリアン・ジュニア

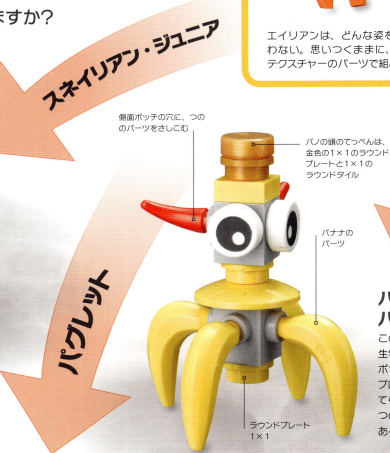

- 側面ポッチの穴に、つのパーツをさしこむ
- バノの頭のてっぺんは、金色の1×1のラウンドプレートと1×1のラウンドタイル
- バナナのパーツ
- ラウンドプレート1×1

バナリアンのバノ

このへんてこりんな黄色い生物は、上と4つの側面にポッチがある1×1のブロックを中心に組み立てられています。目が2つ、つのが2本……そして4本ある脚はバナナ！

パグレット

- アングルプレート1×2／2×2
- クォータードーム3×3×2

殻を分解してみると

幼いスネイリアンの目は、1×2／2×2のアングルプレートにはめこんであります。殻は曲面スロープとクォータードーム（4分の1のドーム）でできています。

パグレット

同じパーツを色違いで使い、エイリアンの群れを作りましょう。とんがり頭のパグレットはなんにでも興味をもち――持ち主のいない道具や食べ物を見つけると、ささっと持ち去ってしまいます！

- 目はきょろきょろ見回すように配置できる
- カニのハサミはクリップなので、バー型のものはなんでもつかめる

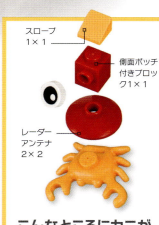

- スロープ1×1
- 側面ポッチ付きブロック1×1
- レーダーアンテナ2×2

こんなところにカニが

エイリアンに生き物のパーツを組みこんでみましょう。パグレットの土台はレゴ®のカニのパーツ！

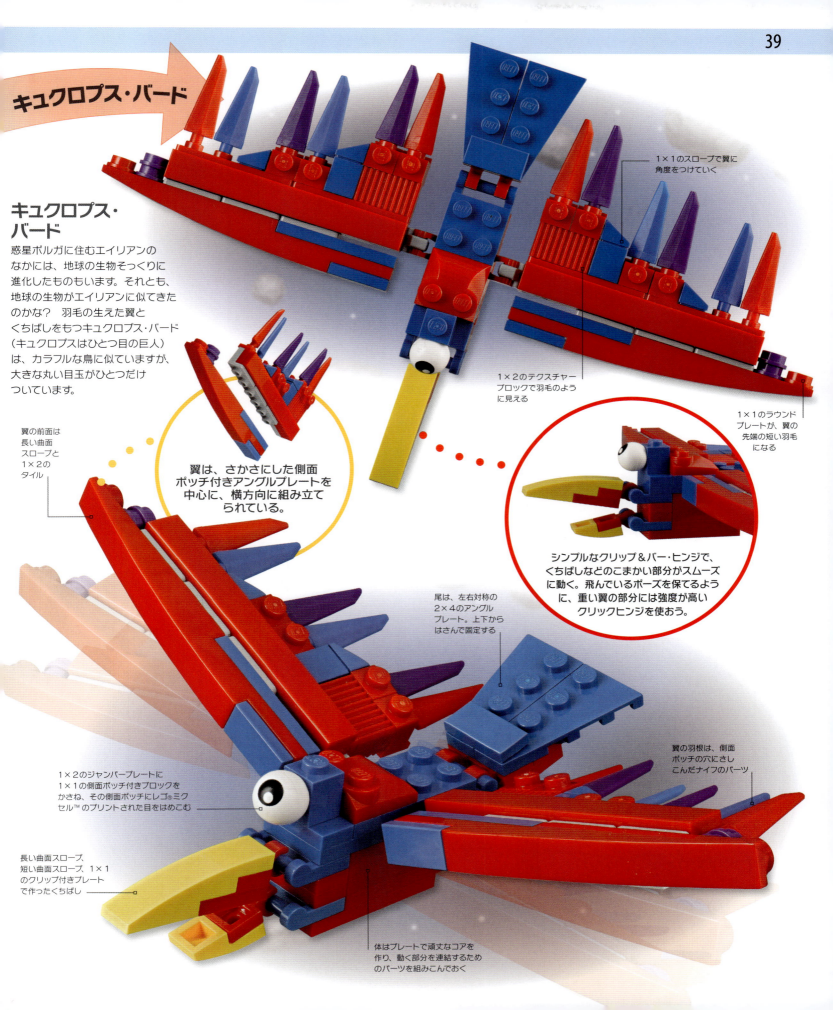

宇宙の植物と景色

新たな隣人（りんじん）たちと出会うクルーがいる一方で、めずらしい植物をかたっぱしから見つけ出しては分類するクルーもいます。変わった形のパーツを使って、見たこともないふしぎな異星（いせい）の植物を作りましょう。

クリスタルサボテン

惑星ボルガに生えている多くの植物には、ミネラル分がたっぷり含まれています。角ばったくきと透明なつぼみをもつ、サボテンに似たこの植物は、クリスタルの結晶のように成長します。

- 枝はコーナープレート
- 透明な1×1のスロープ
- 1×1のブロックとプレートで作ったくき

草むらの巣

カラフルな草に囲まれた丸い物体は、たねが入っている莢のように見えますが、じつはエイリアンの卵。いまにも巻きついてきそうな植物のつるが卵を守っています。

- トゲトゲの草の中心にあるポッチに、くきのパーツを連結する
- 卵はレゴ®テクニックのボール
- このパーツには、両端にクリックヒンジコネクターがついている。

危険な植物

心をいやしてくれる植物ばかりとはかぎりません！　八角形のリング付きプレートとシリンダークリックヒンジを使えば、宇宙飛行士を平気でパクリと食べてしまいそうな、ハングリーな植物が作れます。

- 1×2のクリップ付きプレートと1×2のハンドルバー付きプレートでヒンジを作る
- 短い赤の十字軸で、くきと1×2の十字穴あきブロックを連結する
- 1×2のクリップ付きブロックと1×2のスロープで作った葉
- 歯が3本ついた1×2のプレート
- ベースは大きなレーダーアンテナ

「あーっ！こいつは手ごわい！」

カッププラント

この植物は、てっぺんのカップ型の部分で空気中の水分を集め、空洞になったくきにためておきます。惑星に住む動物のなかには、蛇口のような枝から水を飲む習性をもつものもいます。

- 水道の蛇口のパーツをさかさにしたもの
- くきの底を側面ポッチ付きブロックに連結させる
- ブロックで壁を組み立て横にたおしたベース

- 4方向ポッチ付きブロック1×1

花びらは曲面スロープ。上と4つの側面にポッチがあるブロックに連結する。

ホーンフラワー

惑星ボルガに咲く巨大なホーンフラワー（つのが生えた花）は、地球の深海の植物に似ています。大きな花もあれば小さな花もあり、どんどん伸びつづけ、100年以上生きるものもあります。

- 透明なコーンとつののパーツで組み立てた、おしべ
- コーンをかさねた長いくき

- 生命体スキャナーは、ブラスター銃とジョイスティック2本、ラウンドタイル1枚でできている
- 小さな木は、コーンを土台にレーダーアンテナと透明なランドプレートを交互にかさねる
- ブロックをかさねて作ったベース

異星の木

これはUFOではなく、キノコに似た木です。大きな木の幹は、2×2のラウンドブロックをかさね、中心にレゴ®テクニック十字軸を通して補強します。側面ポッチ付きブロックのポッチの穴にはめこんだ触手で、いかにも異星の木らしく見えます。

宇宙の景色

異星シーンの背景を組み立てましょう。ブロックを何段かかさねて、角度や大きさがことなるスロープで山の形を整えます。

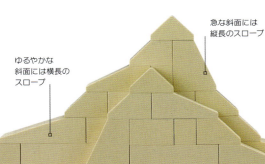

- 急な斜面には縦長のスロープ
- ゆるやかな斜面には横長のスロープ

マイクロスケールの宇宙船

クルーに与えられた次のミッションは、新たな惑星(わくせい)をあちこち移動するための宇宙船づくり。大きな宇宙船を組み立てるだけのブロックがなければ、マイクロスケールの小さな宇宙船を作りましょう。

ここからスタート

スライドプレートで底にカーブができ、着陸がスムーズになる

1×1のラウンドプレートで表面を平らにすると、次の段をかさねやすい

1　土台の部分
マイクロ宇宙船づくりを始めるには、ほんの少しのパーツがあればじゅうぶん。2×4のプレート1枚が丈夫な土台になります。そこにほかのパーツを加えると、モデルの形が整ってきます。

2　宇宙船らしい形
閉じた状態のヒンジプレートが、マイクロ宇宙船のとがった先端部分になります。後ろにつけた1×2のバー付きプレートは、いろいろなものをクリップ連結するのに便利。さらに1×1のサイドリング付きプレートで、宇宙時代のディテールを加えることができます。

1×2のプレートが、ここにちょうどはまる

ミニフィギュアのドクターが使う注射器が小さなレーザー砲になる！

ハンドル（操縦）なら、ぼくにまかせて。

ハンドルバー付きプレートが翼の連結場所になる

この1×2のサイドバー付きプレートは、大きな宇宙船ではちっぽけなレーザー砲……でも小さな宇宙船では巨大なレーザー砲になる！

小さなディテール用のパーツが、マイクロモデルでは大きなディテール用パーツになる。もっているパーツのなかで、小さな乗り物の一部になりそうなのはどれかな？

3　色とディテール
これから加えていくパーツで、マイクロ宇宙船にさらなるディテールとぱっと目を引く色がプラスされます。とくに便利なのがバー付きのパーツ。翼を連結するのに役立ちます。

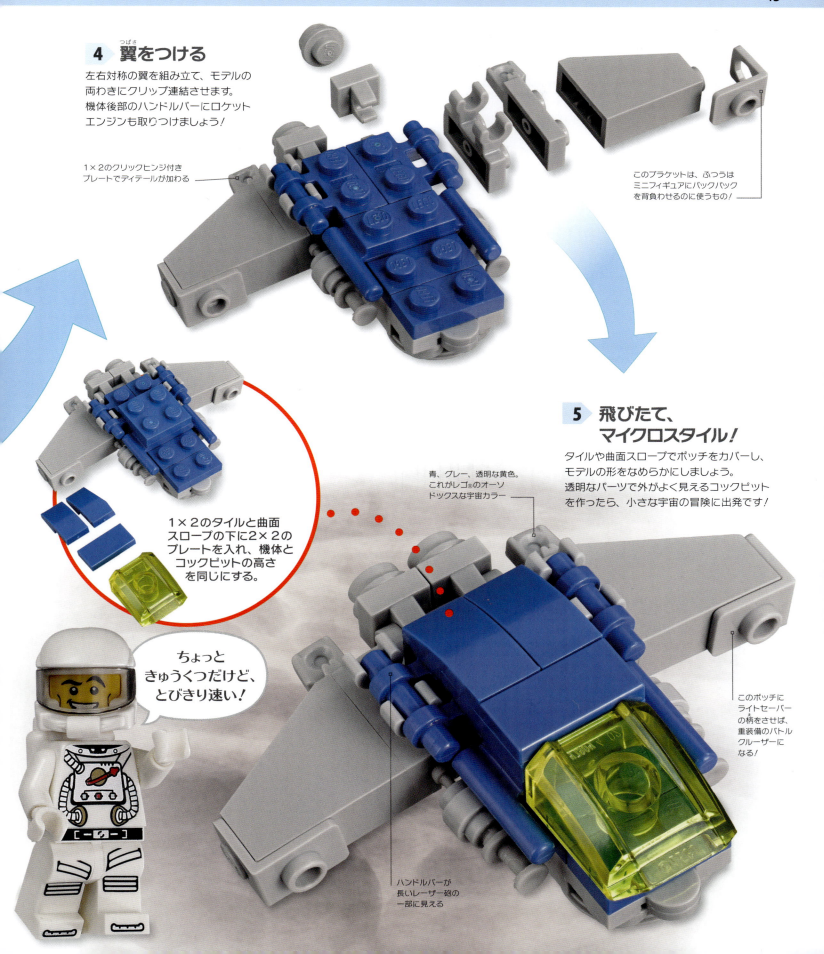

4 翼をつける

左右対称の翼を組み立て、モデルの両わきにクリップ連結させます。機体後部のハンドルバーにロケットエンジンも取りつけましょう!

1×2のクリックヒンジ付きプレートでディテールが加わる

このブラケットは、ふつうはミニフィギュアにバックパックを背負わせるのに使うもの!

1×2のタイルと曲面スロープの下に2×2のプレートを入れ、機体とコックピットの高さを同じにする。

ちょっときゅうくつだけど、とびきり速い!

5 飛びたて、マイクロスタイル!

タイルや曲面スロープでポッチをカバーし、モデルの形をなめらかにしましょう。透明なパーツで外がよく見えるコックピットを作ったら、小さな宇宙の冒険に出発です!

青、グレー、透明な黄色。これがレゴ®のオーソドックスな宇宙カラー

このポッチにライトセーバーの柄をさせば、重装備のバトルクルーザーになる!

ハンドルバーが長いレーザー砲の一部に見える

43

44　アウタースペース　宇宙船　ほかに何が作れる？

マイクロ宇宙船団

マイクロ宇宙船ひとつで終わりにせずに、いっそのことマイクロ宇宙船団を組み立ててみませんか？ スターファイター（戦闘機）、スターシップ、輸送用のシャトル宇宙船と、いろいろそろった大船団（だいせんだん）が作れます。

次は何を作る？

前ページの宇宙船と同じように、ここで紹介するマイクロシップでも、小さなパーツが工夫にとんだ斬新な形で使われている。

シャトル宇宙船ザイコン →

ガンシップ"オニックス" →

尾翼（びよく）は旗のパーツ

ウイングキャノン（翼肉砲）はミニフィギュアのドライバー。1×1のサイドリング付きプレートにさしこむ

シャトル宇宙船ザイコン

大きなモデルのミニチュア版を組み立てることができます。これは、宇宙探検チームのシャトル宇宙船（フルサイズのモデルは48-49ページ）のマイクロスケールバージョン。大きなモデルの形もディテールも、だいじなポイントはすべてとらえています。

先のとがった歯プレートで、コックピットらしい形になる

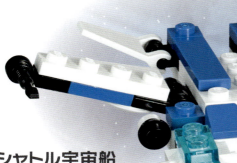

1×2の側面ポッチとスタンド付きブロック

透明な黄色の1×1のプレートを黒のプレートにかさね、コックピットを長くする

分解してみると

マイクロモデルづくりのコツは、側面ポッチ付きパーツを中心に組み立てること。分解するとわかるように、この宇宙船も同じです。

翼は1×2のハンドルバー付きプレートにはめた旗のパーツ

歯プレートをてっぺんにつける

コックピットは透明な1×1のスロープ

ガンシップ"オニックス"

できるだけ小さく、それでも宇宙船だとわかるマイクロモデルを組み立ててみましょう。ここでは小さな傾斜付きパーツがとても役立っています！

ザ・カイマン

ザ・カイマン（ワニ型宇宙船）

マイクロスケールといっても、小さくなくていいんです！クルーたちのスターシップは縮小してもまだまだ大きく、ディテールを盛りこむ場所がたっぷりあります。

2×2のレーダーアンテナと1×1のラウンドプレートが表面にディテールを加える

側面ポッチ付きのパーツで、機体を横方向に組み立てられる

カイマンから
マローダーへ……
宇宙はちょっと
渋滞ぎみだ。

背面

マローダー

マローダー（襲撃者）

パーツをじょうずに使えば、とてもユニークでエキサイティングなマイクロスケールの宇宙船が作れます。たとえばこの、前進翼とダブルコックピットをもつ迫力たっぷりのマローダー。

コックピット部分は1×1の4方向ポッチ付きブロックを中心に組み立てられている

じゃあ、銀河（ミルキー）ハイウェイを通ろう。

ジョイスティックが巨大なアンテナになる

1×1のスロープで機体に角度をつける

背面

マイクロスケールで作る宇宙の建物

さあこんどは、あなたのマイクロ宇宙船とつながりのあるミニチュアの宇宙を組み立てていきます。宇宙船と同じようにマイクロスケールのテクニックを使い、タワーや発射台、そのほかいろいろな宇宙の設備を作りましょう。

タワーの5つの側面はクリップヒンジで連結している。

ロボットアームを使い、屋根のてっぺんに長いアンテナを立てる

建物の上にクリップ連結した傾斜付きプレートが内側にたおれ、円すい形の屋根になる

スペースシティータワー

モダンなシティーマンションからアイデアを得て、そこにSFテイストをプラスしたのがこのマイクロモデル。5つの側面をつなぎ合わせると、五角形のハイテク高層タワーになります。

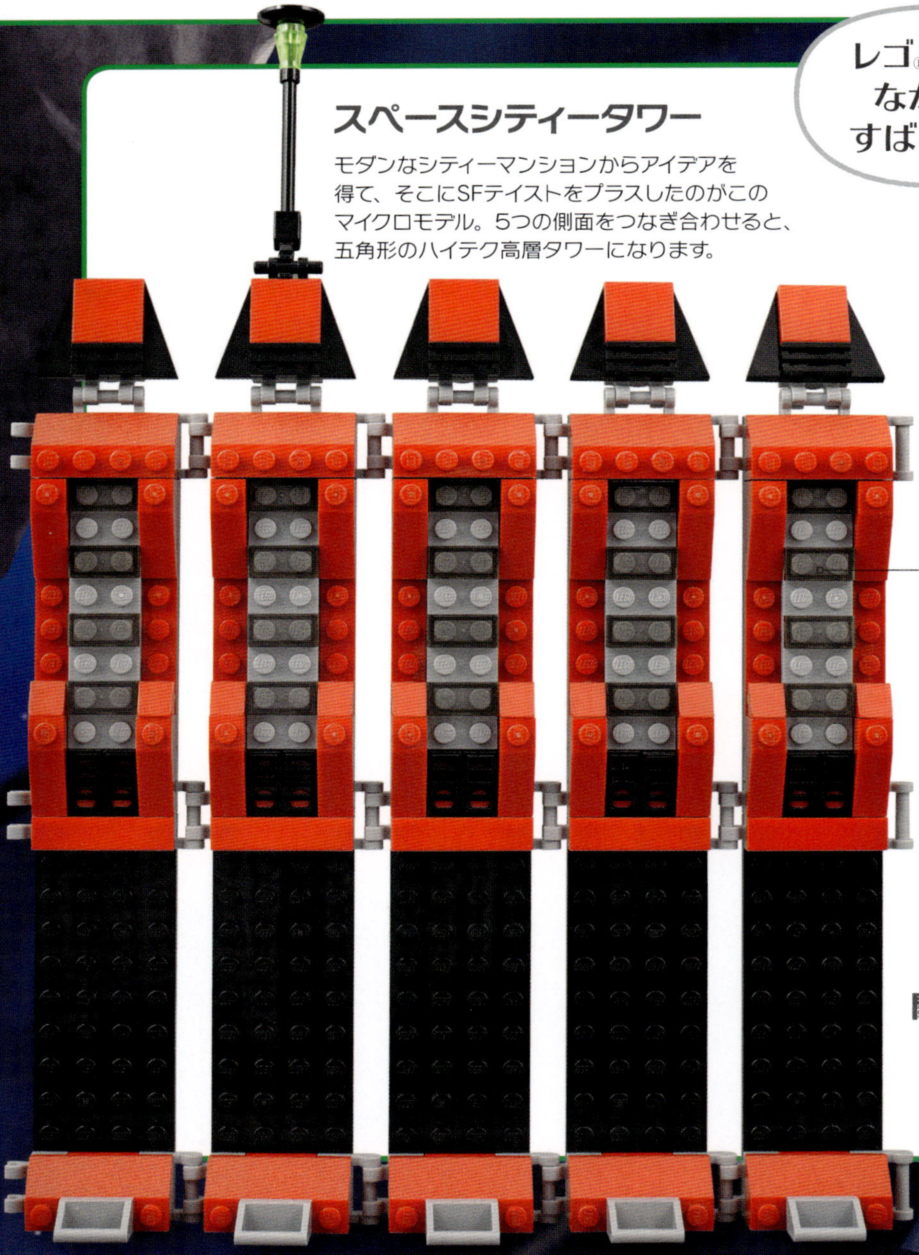

レゴ®星雲のながめがすばらしい。

見晴らしのいい窓は、透明な1×2のタイル

スロープで幅のあるしっかりした土台を作る

開いた状態

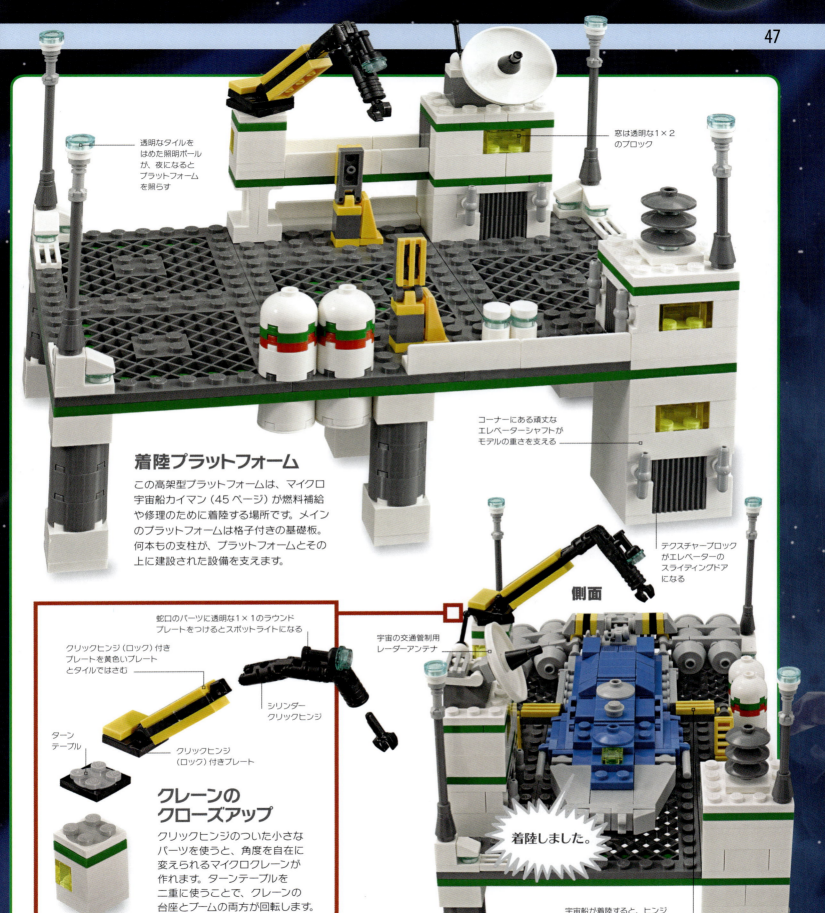

47

透明なタイルをはめた照明ポールが、夜になるとプラットフォームを照らす

窓は透明な1×2のブロック

着陸プラットフォーム

この高架型プラットフォームは、マイクロ宇宙船カイマン（45ページ）が燃料補給や修理のために着陸する場所です。メインのプラットフォームは格子付きの基礎板。何本もの支柱が、プラットフォームとその上に建設された設備を支えます。

コーナーにある頑丈なエレベーターシャフトがモデルの重さを支える

テクスチャーブロックがエレベーターのスライディングドアになる

側面

蛇口のパーツに透明な1×1のラウンドプレートをつけるとスポットライトになる

クリックヒンジ（ロック）付きプレートを黄色いプレートとタイルではさむ

シリンダークリックヒンジ

ターンテーブル

クリックヒンジ（ロック）付きプレート

宇宙の交通管制用レーダーアンテナ

クレーンのクローズアップ

クリックヒンジのついた小さなパーツを使うと、角度を自在に変えられるマイクロクレーンが作れます。ターンテーブルを二重に使うことで、クレーンの台座とブームの両方が回転します。

着陸しました。

宇宙船が着陸すると、ヒンジ付きのパーツがパタンと閉じて乗降用ブリッジになる

シャトル宇宙船ザイコン

何週間もかけて建設作業を進めてきた惑星ボルガのスペースコロニーも、もうすぐ完成です。シャトル宇宙船ザイコンは、惑星に運ぶ最後の補給物資を取りに、これから地球へ戻らなければなりません。

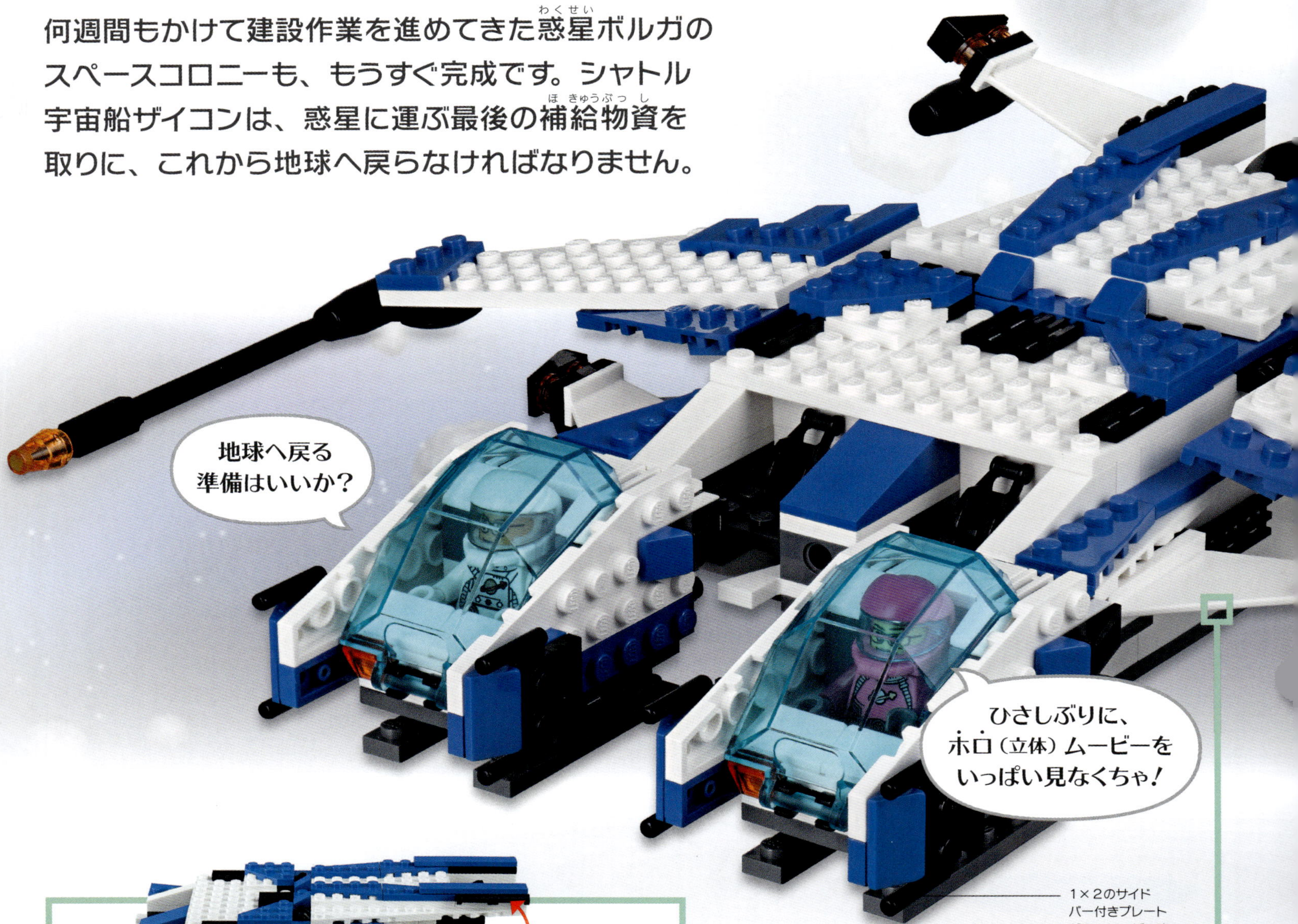

地球へ戻る準備はいいか？

ひさしぶりに、ホロ（立体）ムービーをいっぱい見なくちゃ！

1×2のサイドバー付きプレートがミニレーザー砲になる

クリップ＆バー連結で、尾翼をななめの角度につけられる

機体にスロープブロックを組みこんでおくと、主翼がちょうどいい角度になる

前方の小翼は、この側面ポッチに連結する

翼をつける

横にまっすぐ伸びた小翼の連結には側面ポッチ付きブロック、角度のついた主翼や尾翼の連結にはクリップ＆バー・ヒンジを使います。

ミニフィギュアの宇宙船

ミニフィギュアスケールで宇宙船を組み立てるときには、デザインと安定性を考えます。翼、巨大エンジン、着陸装置、レーザー砲は搭載しますか？ 着脱式のツインコックピットはどうでしょう？ どういうデザインにする場合も、持ち上げてビューンと飛ばして遊べるように、パーツをしっかり連結させましょう！

ひとりでも、ふたりでも

機体の前にあいた穴に、ツインコックピットをさしこみます。真ん中にもうひとつ穴があるので、そこにコックピットモジュールをひとつだけさしこんで、パイロットひとりに操縦させることもできます。

1×2のグリルで、機体にハイテクなディテールが加わる

翼の先端にあるレーザー砲は、ジェットエンジン、レゴ®テクニック十字軸、まっすぐなレゴ®テクニック コネクター、そこにレゴ®テクニックピンで連結した透明な1×1のコーンでできている

シングルコックピットモードで飛行中。

さしこんだコックピットが回転しないよう、3×4の両側傾斜付きプレートがおさえてくれる

カラーのプレートで、もようや宇宙船団のマークを入れる

コックピットの構造

各コックピットは、ミニフィギュアのパイロットに合わせて組み立てられています。側面のプレートは側面ポッチ付きブロックに連結、丸いレゴ®テクニックピンが後ろに突き出ています。

レゴ®のヘリコプターのキャノピー。クリップ連結で開閉する

コックピット後方のレゴ®テクニックピンが、1×2の穴あきブロックにぴったりはまる

コックピットだけでも飛べるように、1×1のコーンがロケットエンジンになる

宇宙での共同作業

シャトルの本体は、貨物室を中心に箱のような形に組み立てられています。後方がヒンジで大きく上に開き、フォークリフトロボットやメンテナンス=ポットが、中に入っているだいじな補給物資にアクセスできます。

メインのロケットエンジンは大きなコーン

背面

地上ではランディングスキッド（ソリ型の着陸装置）がコックピットを支える

レゴ®テクニック十字軸をブレース（補強材）として使い、ハッチを開けたままにできる

貨物室が閉じているとき、シャトルの後部はポッチのないタイルの上に乗っている

惑星ボルガは、人が住むスペースコロニーになりました。

ボルガ上空を離れます。通信終了。

了解、ザイコン。

ねえテッド、テレビはまだ見られないの？

まだ信号が届かないんだよ、ブレンダ。

ひとをロボットみたいに使うな！……あれ？

ビーッ、荷物をおろせ！ビーッ、さっさと働け！

モダン・メトロポリス

山のように積み上げられたこちゃごちゃまぜのブロックツリーやシティープランナーの目に、それがどんなふうに見えるかわかりますか？ メトロポリス、そのほかあらゆるもので満たされた、光がかがやくモダンな街です。メトロポリス（大都会）を作るには、建築家、プランナー、それに建設作業員が必要です。そしてなくてはならないのが、あっと驚くようなすごい建物を思いつき、それを形にするためのクリエイティブな発想です。では、さっそく始めましょう！チャレンジしてみますか？

ベーシックな モジュラービル

新しい街づくりを始めるシティープランナーが最初に建てるのは、ひとつのモジュラービル。ここで紹介する基本的なステップにしたがって、色やディテールだけを変えたビルをいくつか組み立てます。それらをつなぎ合わせれば、街の一角ができあがります。

穴あきブロックは、かならず同じ位置にくるようにする

ここからスタート

1 最初のステップ

大きな長方形の基礎板、または数枚のプレートを土台にし、長辺のひとつを残して3方向に壁を作っていきます。写真にあるように、左右の壁に1×2の穴あきブロックを2個ずつ配置します。

2 壁を組み立てる

3枚の壁をブロック6個分の高さまで組み立て、あいている一辺の上に長いブロックを渡します。壁の上には、ポッチを4個だけ残してタイルをかぶせます。

ドアのパーツを入れてもいいし、そのままあけておいてもいい

ポッチが2個ついたこの1×4の特殊プレートがなければ、かわりに1×2のタイルを1枚と、その両わきに1×1のプレートを1枚ずつならべればいい。

この丸いレゴ®テクニックピンが、横にならべるモジュールの丸い穴にはまる。

この窓は、基礎板からブロック2個分の高さにつける。横がポッチ4個分、縦がブロック3個分のスペースにちょうどはまる

3 2つ目のモジュール

次に2つ目のモジュールを作ります。組み立てかたは最初のモジュールと同じですが……建物の正面になる横長の壁に、ドアのかわりに窓をつけましょう。

いろいろなモジュラービル

ここにあるビルはすべて、前ページのビルと同じようにモジュラースタイルで組み立てられています。モジュールを次々にかさねていくと、街のあちこちにあるオフィスビルや高層ビルができあがります。

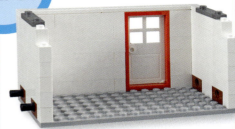

次は何を作る？

壁をもっと高くしたり、建物らしいディテールを加えたり、自分なりのデザインでモジュラービルディングのテクニックを応用しよう。

オフィスビル

モジュラービルディングなら、会社が大きくなればフロアを増やせる

「トップに立つ人間とは、孤独なものだ。」

1×6×5のパネルがあれば、大きな壁もすぐにできる。透明なパネルを使えば大窓になる！

受付フロアの壁は少し奥にひっこめ、プランターのあるエントランスを作る

オフィスビル
このモダンなオフィスビルは、職場らしく整然としています。どのモジュールも外観は似ていますが、中にはそれぞれ、仕事をスムーズに進めるための機能がそなわっています。

社長は最上階のフロアをひとりじめ

「ランスのやつ、いつもぼくのコーヒーに砂糖を入れ忘れるんだから。」

背面

ここに出てくる家具については、64-67ページを見てね。

図書館

この図書館はモジュール三階建てで、屋根もついています。本物の図書館と同じように、貸し出しデスクや資料室、それに借りたり閲覧できる本がたくさんあります。

時計がプリントされた2×2のラウンドタイルで時間をはかる。時計は横方向にポッチがあるブロックにはめこむ

図書館 →

高さや色のことなるスロープを使い、傾斜のついた屋根を作る

レゴ®の本はポッチで固定できないので、本棚や保管用のラックを作ろう

ふつうのブロックと、ログブロックなどのテクスチャーブロックを交互にかさねると、おもしろいもようのついた壁になる

古いニュースって、おもしろい。

上に2×2のスロープ、下に2×2の逆スロープを使った出窓

SFの光線銃の先に、透明な赤の1×1のタイルをつけたブックスキャナー

背面

街の建物

メトロポリスが大きくなるにつれて、さまざまな形の建物ができてきます。ベースはどれも四角いボックス型でも、色やディテール、パーツの選びかたしだいで、ひとつひとつが個性的な建物になります。

> **次は何を作る？**
>
>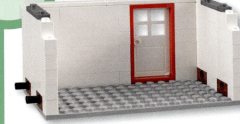
>
> ボックスの連結方法が何通りもあるということは、バラエティーに富んだ形の建物が作れるということ。複雑な形の建物だって組み立てられる。

コーナーショップ

- 曲面ハーフアーチと同色の1×1のタイルで作ったストライプの日よけ
- 小さな日よけとして、ポッチ4つ分の幅のプレートを壁に組みこむ
- 屋根の中心は傾斜付きプレート
- 壁をポッチ2個分の厚さにすると、壁面よりも内側に窓を設置でき、建物全体の強度も高まる
- タイルを使い、ドアの下の平らな床を作る
- 窓の下のレール付きプレートが、細い窓台のように見える
- ハンドルバー付きプレートに小さな壁パネルをクリップ連結させて作ったプランター
- 大きなタイルで、入口前の通路を作る

コーナーショップ

ボックス型の建物を直角に2つつなげれば、かわいらしいコーナーショップができます。真ん中にドアをつけ、両サイドをおそろいのデザインにすれば、全体でひとつのお店に見えます。

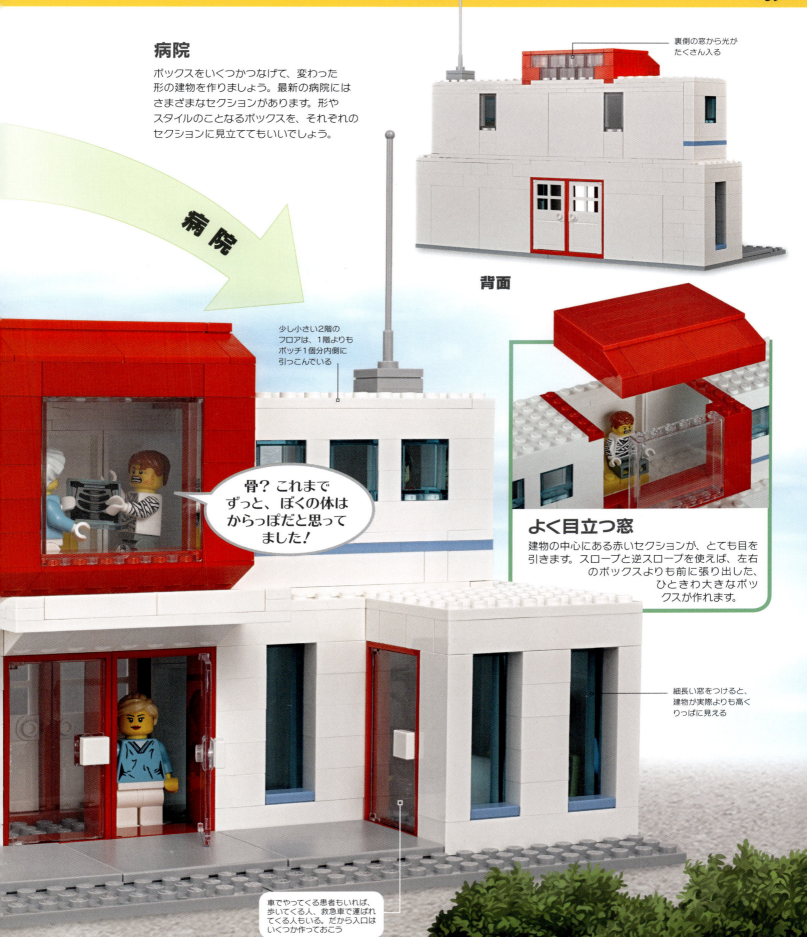

街の博物館

このりっぱな博物館を見ればわかるように、おもしろい建築様式を加えることで、シンプルなボックス型の建物を、もっともっとエキサイティングな建物に変えることができます。もっているブロックのなかから、特殊な形やテクスチャーのパーツをさがしてみましょう。

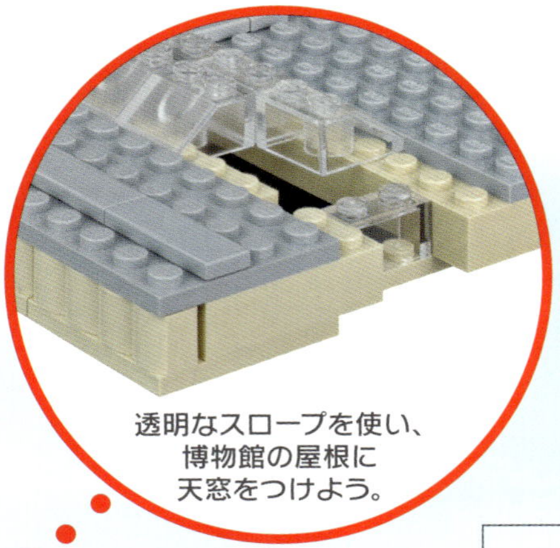

透明なスロープを使い、博物館の屋根に天窓をつけよう。

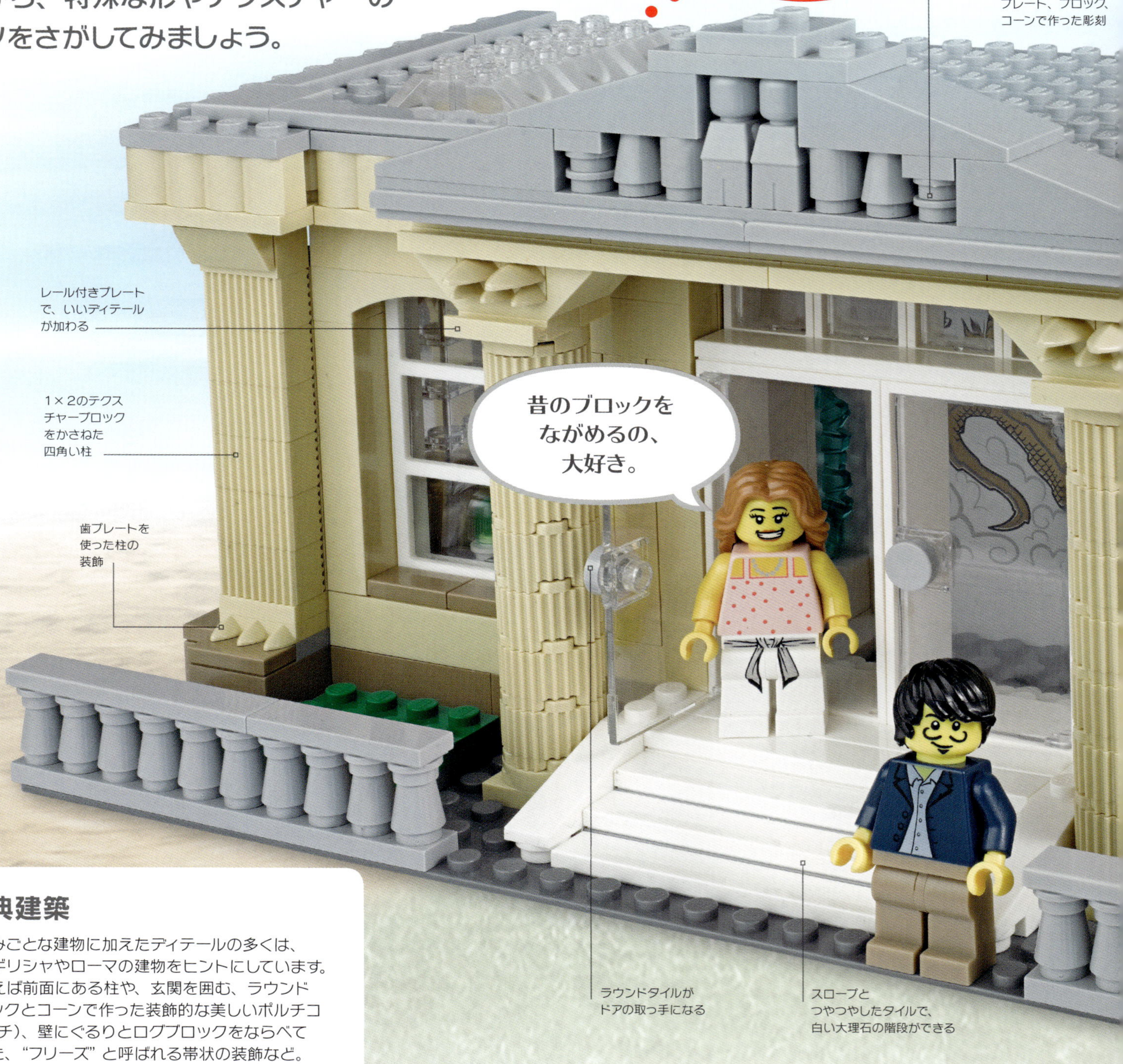

1×1のラウンドプレート、ブロック、コーンで作った彫刻

レール付きプレートで、いいディテールが加わる

1×2のテクスチャーブロックをかさねた四角い柱

歯プレートを使った柱の装飾

昔のブロックをながめるの、大好き。

ラウンドタイルがドアの取っ手になる

スロープとつやつやしたタイルで、白い大理石の階段ができる

古典建築

このみごとな建物に加えたディテールの多くは、古代ギリシャやローマの建物をヒントにしています。たとえば前面にある柱や、玄関を囲む、ラウンドブロックとコーンで作った装飾的な美しいポルチコ（ポーチ）、壁にぐるりとログブロックをならべて作った、"フリーズ"と呼ばれる帯状の装飾など。

窓の上のアーチが、クラシックな優雅さをかもしだす

ドラゴンが描かれたこの窓は、レゴ®ニンジャゴー™のセットに入っている

ポルチコの柱は、2×2のテクスチャーラウンドブロックでできている

夜の風景

歴史ギャラリー

窓から展示物がちらりと見えると、博物館がより本物らしくなります。室内にミニギャラリーを作りましょう！

昔っぽいミニフィギュアのアクセサリを、側面ポッチで壁に取りつける

1×2の透明なブロックで作った展示ケース

このフェンスは、1×10のプレートに1×1のコーンと1×1のラウンドプレートをかさね、その上になめらかなタイルをかぶせて作る。

いちばん上は2×4のプレート
ブロック2×6
プレート2×10
プレート1×2

1 最初のステップ

この屋根を作るのに欠かせないパーツは、形と色が同じ2枚の大型プレートと、レゴ®のヒンジ4個、1×1のスロープ20個です。まず、プレートとブロックで上の写真と同じ形を作ります。

屋根の組み立て

シティープランナーが建物のなかで大好きな部分——そのひとつが屋根。シンプルな屋根、ファンシーな屋根、傾斜(けいしゃ)がある屋根、平らな屋根……屋根にもいろいろあります。ここでは、あなたのメトロポリスに使えるシンプルな屋根のデザインを2つ紹介しましょう！

2 組み上げる

次に、1×1のスロープを写真のように置いていきます。正しく配置されると、傾斜のついた屋根を支える土台ができます。同じ色のスロープが20個そろわなければ、いろいろな色をまぜて使いましょう！

3 最後のステップ

2個のヒンジを背中合わせにならべます。次に、組み立てた2つの土台にまたがるようにプレートを連結させれば、屋根のできあがり！

ヒンジは正しい向きに連結させること

まず両側にヒンジをつけて、屋根のプレートを連結させる

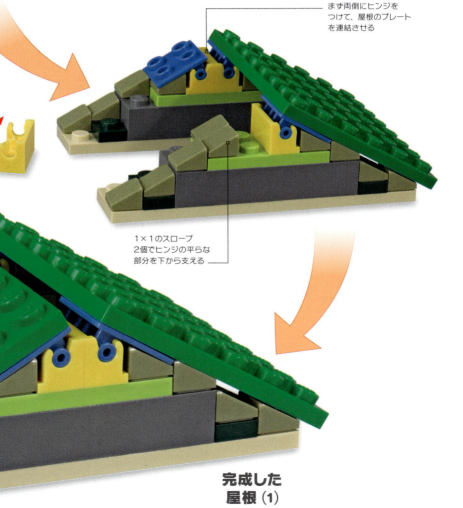

屋根の各面は6×8のプレート

1×1のスロープ2個でヒンジの平らな部分を下から支える

完成した屋根(1)

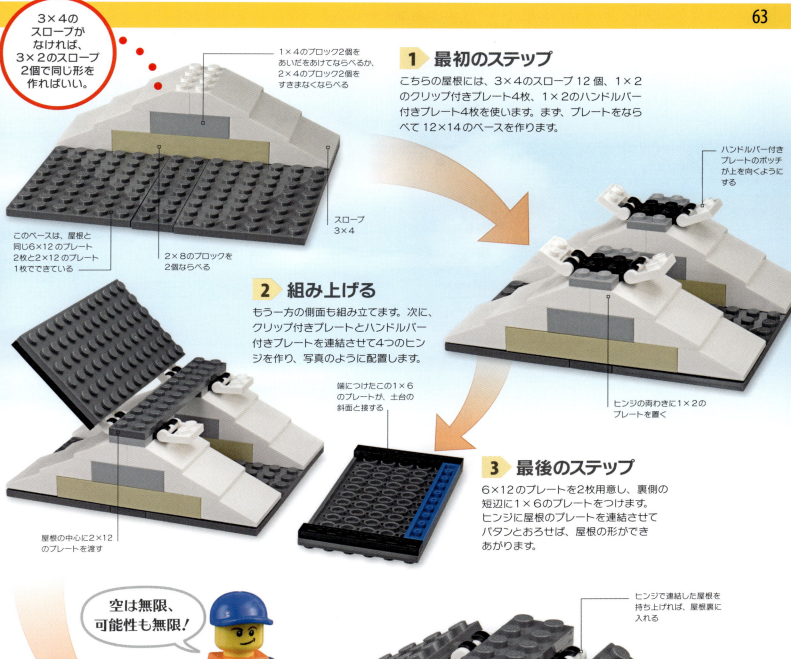

テーブル＆チェア ギャラリー

いすがなければ、ずーっと立ったままでいなければなりません。テーブルがなかったら、どんなにおぎょうぎの悪い食べ方になるでしょう！街の住人たちの暮らしがより快適になるように、家具を作ってあげましょう。

このいす、ロックだね！

ひじかけはプレート1×2

この1×2の穴あきブロックにピンがはまる

アーチ1×4

ロッキングチェアーの揺り子とひじかけの部分をさかさまに（ひじかけのほうから）組み立て、レゴ®テクニックピンでシートと連結させる。

ロッキングチェア

ダイニングチェア

57ページの図書館で、このテーブルとスツールを見つけよう。

スツール（腰かけ）

カフェテーブル＆スツール

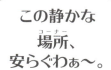

この静かな場所（コーナー）、安らぐわぁ～。

コーナーソファー

おしゃれな長いす

家具ギャラリー

ここにならんでいるのは、街のビルの中にある家具です。よく目にするものもあれば、ちょっとめずらしいものもありますね。小さいけれどディテールに富んだモデルを組み立てて、あなたのビルにリアルで楽しいインテリアをプラスしましょう。

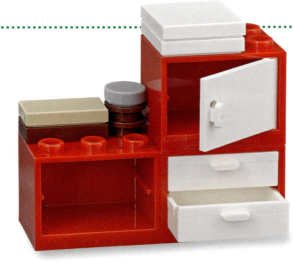

オフィスのキャビネット

ベッドサイドテーブル

ベッド

この本、すっごくおもしろいの！

本棚

ブックスタンド

ユニット棚

カラー電球　　　電気スタンド　　　ソーラーライト　　　アームライト

ここにあるモデルがいくつか、56-57ページのビルの中にあるよ。

ファイルとクロワッサンをとりかえてあげるよ。

オフィス用のデスクと家具

冷水器

薄型テレビ

街で見かけるもの

こんどは外に目を向けてみましょう。建物の外や、街の通りにあるもので、何か作れそうなものはありませんか？ ここで紹介するのは、大きな街ならばどこにでもありそうな、おなじみの光景です。

キャッシュディスペンサー

急にお金が必要になったらどうしよう？ 街の住人が困らないように、キャッシュディスペンサーを設置しましょう。ビルの横に置くことも、壁にうめこむこともできます。

このマークはアングルプレートで固定してあるが、側面ポッチ付きのパーツを使ってもいい。

キーパッドは、シールをはった2×2のスロープ

1×2のレール付きプレートで、タイルのお金が転がっていかないようにする

駐輪ラック

歩道をふさがないようにレゴ®の自転車をとめるには、どうすればいいでしょう？ 2種類のクリエイティブな駐輪ラックが、問題をいっぺんに解決してくれます。

このラックは、フック型のバーがついた1×2のプレートを使い、自転車をななめにぶら下げて縦にならべる

縦列駐輪用ラック

こちらのバージョンは、ブロックの側面ポッチにさしたL字型のバーを使い、自転車を立てて横にならべる

横列駐輪用ラック

ヘッドライトブロックに1×1のプレートをはめてボリュームを出す。

消火栓

1×1のラウンドブロック1個、1×1のラウンドプレート数枚、側面ポッチが1個以上ある1×1のブロック1個。それだけあれば、消火栓が作れます。

公衆電話

まだ携帯電話がなかったころ、外から連絡するには公衆電話を使っていました。公衆電話を設置すれば、街の通りが少しだけはなやかになります。ここでは2種類の公衆電話の組み立てかたを紹介します。

- 使っていないときには、1×1のクリップ付きプレートに受話器を置く
- この電話では、電話機の後ろに組みこまれたアングルプレートの横向きのポッチにディテールを連結する
- プッシュボタンは1×2のプリント付きタイル
- ……でも、アプリはどこにあるの？
- 前はこうやって電話してたんだよ、ティミー。
- スロープの土台が幅の広いトップを支える

キオスク（イギリスの電話ブース）

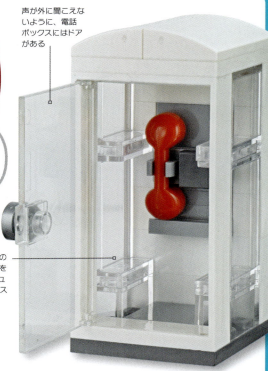

- 声が外に聞こえないように、電話ボックスにはドアがある
- 真ん中に1×2×3のC字型のウィンドーを使うと、ミニフィギュアの腕が入るスペースができる

電話ボックス

パペットショー

パペットシアターは、街の子どもたちをいつも笑顔にしてくれます。パペットは、フリックミサイルのパーツの先にミニフィギュアの頭をつけたもの！

- うわっ！
- ガオォ〜〜〜！
- ブロックの側面ポッチの穴に、つののパーツをさす。そこにミニフィギュアのマントをひっかけ、カーテンにする。
- 1×1の側面ポッチ付きブロックの後ろ側
- 台の部分は、プレートと1×1のランドブロックで3方向に壁を組み立てたボックス
- ミニフィギュアの脚を後ろ向きにして曲げた、ひざ立ちのポーズ

背面

| 70 | モダン・メトロポリス | 乗り物 | 組み立てかた |

自動車を作る

さあ、メトロポリスが完成しました。シティープランナーは次に、住人たちの便利な足となる自動車やトラックを組み立てなければなりません。まず、街の中でも郊外でも走れる、オフロード対応のSUV車を作りましょう。

ぐずぐずしているひまはない！

ここからスタート

レゴ®テクニックピンが組みこまれた2×4のプレートにホイールをつける

1 シャーシ

頑丈な車を作るなら、しっかりしたシャーシ（車台）が必要です。長いプレートを2枚用意し、そこにがっしりしたホイールを4個取りつけます。SUVなので、必ずぎざぎざしたタイヤをつけましょう。

2 車体の内部構造

次に、車体の下の部分を組み立てます。マッドガード（泥よけ）でホイールを保護し、横方向の組み立てでバンパーやヘッドライト、テールライトを取りつけます。

バンパーの作りかたは、74-75ページを見てね。

運転席にミニフィギュアがすわれるスペースをあけておく

この1×6×1の逆ルーフタイルが、両サイドのホイールとホイールのあいだにぴったりフィットする。

先が細くなるフロント部分には、傾斜付きプレートを使う

3 形ができてくる

形も色も、だんだん車らしくなってきました。角ばってごつごつした形にならないようにするには、傾斜がついたパーツを使うといいでしょう。マッドガードは、はずれないようにしっかり連結させましょう。

この段階で、ためしにドライバーをすわらせてみるといい

あいだにはさんだ黒いプレートが、サイド部分のストライプになる

街の乗り物

あなたの街に必要な乗り物はなんですか？病院に患者を運ぶ救急車（58-59ページ）や、街をビューンとかけぬけるスクーターはどうでしょう？　自分でペダルをこぎたくない人のために、自転車タクシーも作れます。

次は何を作る？

まず、プレート数枚と回転するホイールでできたベーシックなシャーシを組み立てる。そこからどんな車にするかは、あなたしだい！

救急車

住人の具合が悪くなったときには、スピーディーな救急車がすぐに出動し、街の病院へ運んでくれます。車内には、患者とたくさんの医療機器が入るスペースを残しておきましょう。

前面

透明なカラーのプレートが、ルーフにつける非常灯になる

白に赤のアクセントは、医療関係とすぐにわかる配色

サイドリング付きプレートに1×1のスロープをつけたサイドミラー

ヘッドライトとテールライトは、車体に直接組みこんだ1×1のプレート

すぐに気分がよくなりますよ。

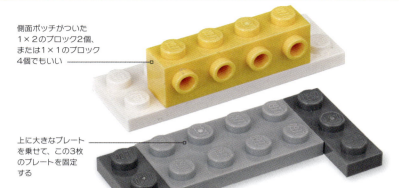

側面ポッチがついた1×2のブロック2個、または1×1のブロック4個でもいい

上に大きなプレートを乗せて、この3枚のプレートを固定する

車のバンパー

意外ですが、車やトラックの組み立てでいちばんむずかしいのがバンパーの部分です。ここで紹介するテクニックを使って、まるで本物のようなかっこいいバンパーを作ってみましょう。

1 ベース部分の構造

まず、2×6のプレートの上に1×4の側面ポッチ付きブロックを乗せます。そのさい、側面ポッチを外側に向けること。その下に、2×4のプレート1枚と1×3のプレート2枚を連結させます。

1×4のプレートに1×2のグリルを2つつける

2 ディテール部分の組み立て

バンパーの表面は、2×4のプレートを土台に組み立てます。上半分にはグリルを、下半分にはナンバープレートとサイドライトをつけます。

前にはみ出したこのポッチでヘッドライトを支える

3 組み合わせる

透明な1×1のプレート3枚と1×1のタイルをかさねてヘッドライトを作り、両端に取りつけます。次に、表面の部分をベースの側面ポッチ付きブロックに連結させたら、バンパーのできあがり。

ナンバープレートは、レゴ®の消防車のセットに入っているステッカー付きのパーツ

ラウンドタイルは、透明な赤、黄色、無色のどれでもいい

四角や丸の透明なプレートを使ってヘッドライトとテールライトを作る

完成したバンパー

いろいろなバンパー

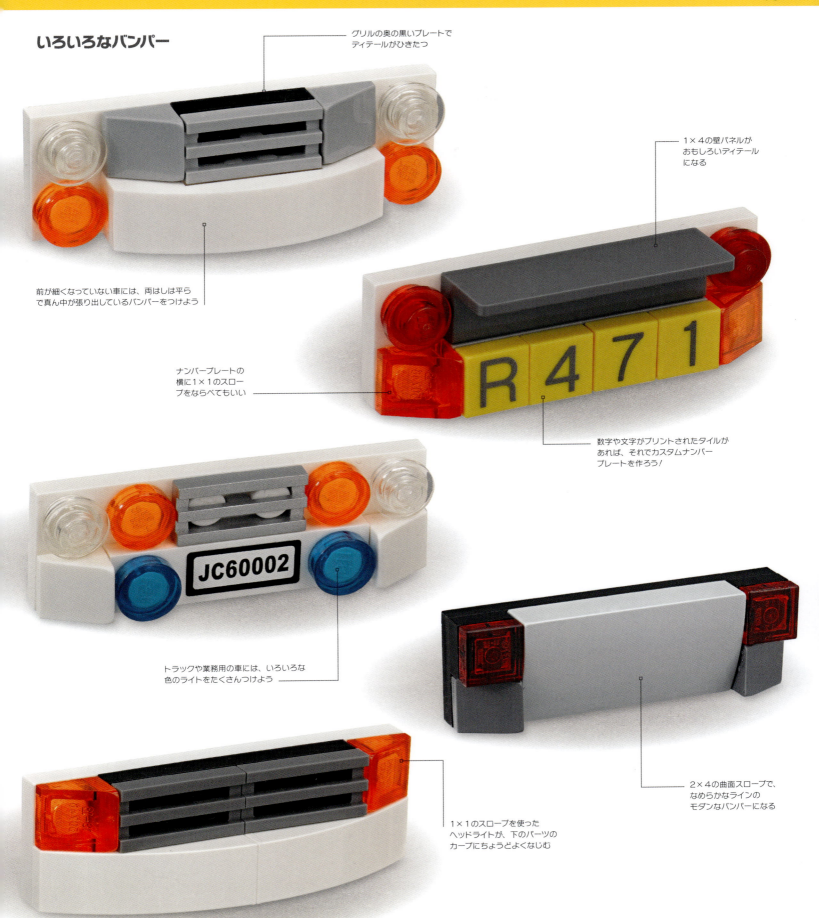

- グリルの奥の黒いプレートでディテールがひきたつ
- 1×4の壁パネルがおもしろいディテールになる
- 前が細くなっていない車には、両はしは平らで真ん中が張り出しているバンパーをつけよう
- ナンバープレートの横に1×1のスロープをならべてもいい
- 数字や文字がプリントされたタイルがあれば、それでカスタムナンバープレートを作ろう！
- トラックや業務用の車には、いろいろな色のライトをたくさんつけよう
- 2×4の曲面スロープで、なめらかなラインのモダンなバンパーになる
- 1×1のスロープを使ったヘッドライトが、下のパーツのカーブにちょうどよくなじむ

ライト、標識、信号ギャラリー

乗り物のほかに、街の通りにはどんなものが必要でしょう？街灯や信号機、標識など、あなたの街の交通がスムーズになるようなアクセサリを組み立てましょう。

この便利なクリップ付きバーホルダーは、片方の端に穴があり、もう一方の端にクリップがついている。

街灯

シンプルな信号機

ピーポー ピーポー……早くサイレンをつけてほしい。

大型ビルボード（広告板）

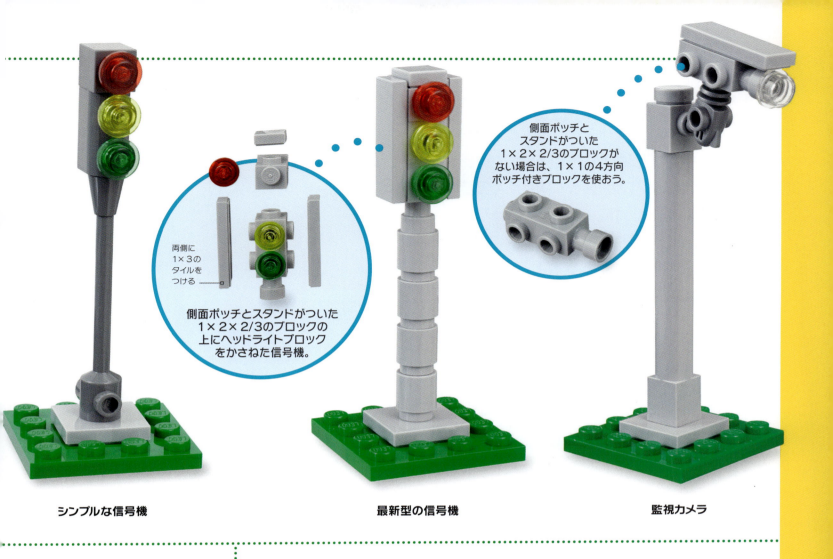

両側に
1×3の
タイルを
つける

側面ポッチとスタンドがついた1×2×2/3のブロックの上にヘッドライトブロックをかさねた信号機。

側面ポッチとスタンドがついた1×2×2/3のブロックがない場合は、1×1の4方向ポッチ付きブロックを使おう。

シンプルな信号機　　　　　最新型の信号機　　　　　監視カメラ

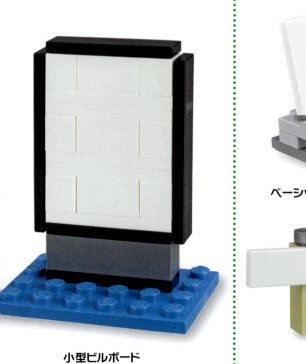

小型ビルボード

ベーシックな標識　　　ストリート標識　　　交通標識

ファーマーの畑

道路や交通システムが完成すると、シティープランナーはモダンなメトロポリスのまわりに広がる田園風景を見に、車でカントリーサイド（田園地方）へ向かいます。彼女が最初に目にしたのは、畑を耕しているファーマー（農園主）です。

> ここからスタート

大きな基礎板がなければ、プレートを何枚かならべ、プレートやタイルを使ってつなぎ合わせる

このタイルの列は、あとで垣根をつけるのに重要

1 畑づくりの第一歩

畑づくりは、大きな基礎板からスタートします。2辺のいちばん外側の列に茶色のプレートを、その内側の列にタイルをはめていきます。

> たいへんな仕事だけど、誰かがやらなくちゃ！

2 土を敷く

茶色のプレートで、畑の一部に耕したばかりの新しい土を敷きます。その上に、細長いプレートを使い、ファーマーが種をまくうねを作ります。

まだ耕していない部分には薄茶色か黄褐色のプレートを使う

ほとんどの列はタイルよりもポッチ1個分手前でストップする

3 垣根を作る

基礎板全体にプレートを敷いたら、横方向にポッチがあるパーツを使って、畑の2辺に高い垣根を作っていきます。自然のままのワイルドな感じにしましょう！

プレートにはめこんだ葉っぱのパーツ

これで、畑のほぼ全体が土におおわれた

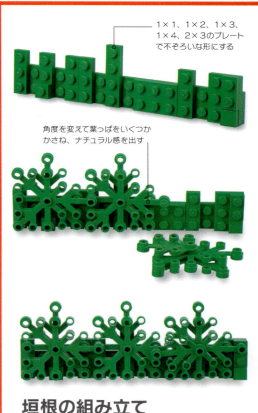

1×1、1×2、1×3、1×4、2×3のプレートで不ぞろいな形にする

角度を変えて葉っぱをいくつかかさね、ナチュラル感を出す

垣根の組み立て

スタートは、ポッチ2個分の幅の長い緑色のプレート。そこへ高さや厚みのことなる小さなプレートを加え、自然に伸びた植物の形を作っていきます。葉っぱのパーツがあれば、それも使いましょう！

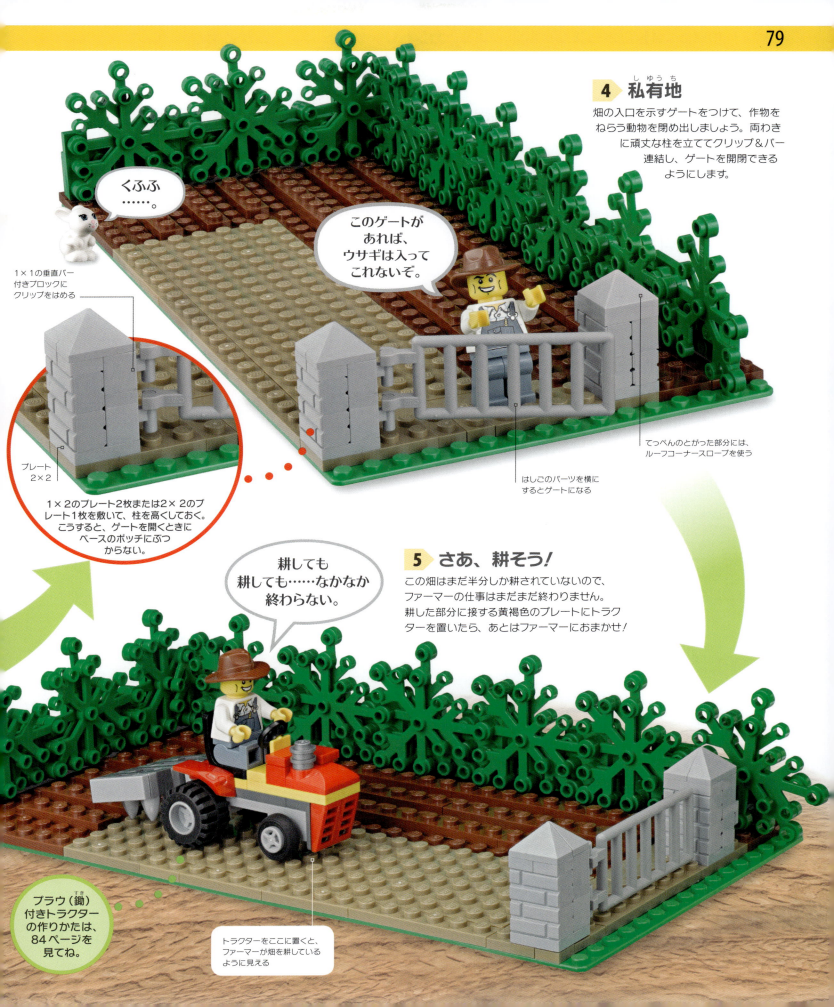

| モダン・メトロポリス | カントリーサイド | ほかに何が作れる？ |

野菜を育てる

畑を耕したら、こんどは野菜を育てましょう。レゴ®のパーツを使えば、どんな野菜だって作れます。畑には同じようなうねが何本かあり、そこに野菜が植えられています。似たような形と色のパーツをいくつか見つけ出し、だんだん育っていく野菜を作りましょう。

次は何を作る？

半分耕した畑づくりで練習したテクニックを使い、畑にカラフルな作物をたくさん植えよう。

ニンジン

まず1枚の大きな基礎板かプレート数枚でベースを作ります。その上に、ポッチ2個分の幅のプレートを、あいだにすきまをあけてならべ、みぞの部分にニンジンを植えます。次のチャレンジとして、大きく育ったニンジンの列を作りましょう。

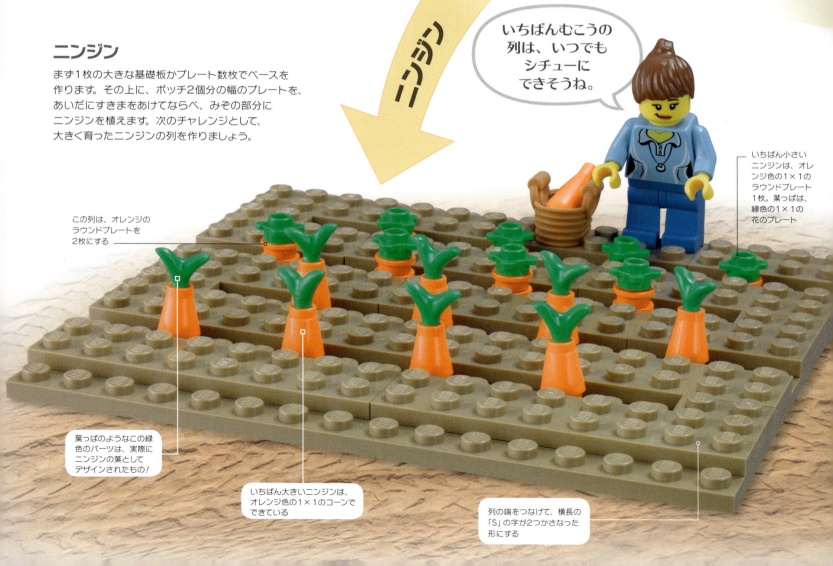

ニンジン

いちばんむこうの列は、いつでもシチューにできそうね。

いちばん小さいニンジンは、オレンジ色の1×1のラウンドプレート1枚。葉っぱは、緑色の1×1の花のプレート

この列は、オレンジのラウンドプレートを2枚にする

葉っぱのようなこの緑色のパーツは、実際にニンジンの葉としてデザインされたもの！

いちばん大きいニンジンは、オレンジ色の1×1のコーンでできている

列の端をつなげて、横長の「S」の字が2つかさなった形にする

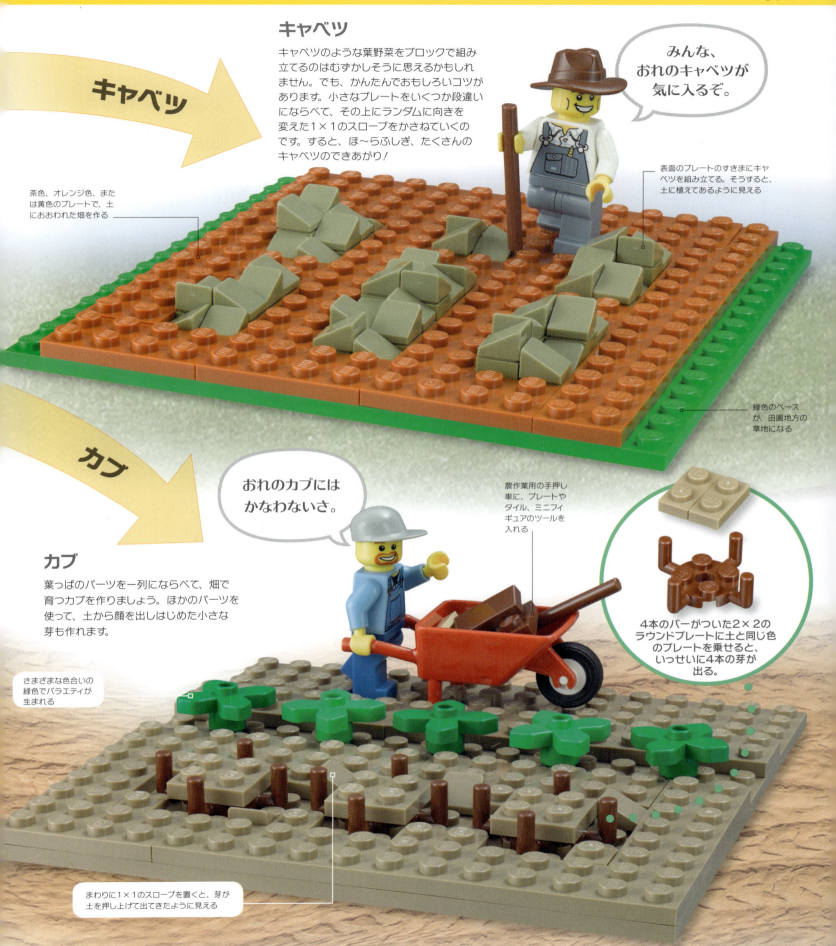

植物ギャラリー

カラフルな木や花でいろどり、あなたのカントリーサイドに活気を与えましょう。植物の組み立てかたはいくらでもありますが、ここではイマジネーションをかきたてるアイデアをいくつか紹介します。

バーのパーツに2×2のラウンドブロックと大きな葉のパーツをさしていくと、このような枝葉ができる。

小さな木

花が咲いた木

中くらいの木

温室

あの子ったら、あそこで何時間もぼーっとしてるのよ。

農場

ファーマーがどんなふうに家畜を飼育しているのか見てみようと、シティープランナーは農場に立ちよります。ちょっとした飼育場のシーンや乗り物を組み立ててみましょう。オフィシャルなレゴ®の動物を使ってもいいし、自分で作ってもかまいません！

ふわふわのヒツジ

サイドリング付きプレートをたくさん使ったこのヒツジは、くるっとカールした美しい毛におおわれています。頭はヒンジブロックとヒンジプレートに連結しているので、上を見あげて、ほかのヒツジたちがどこにいるかチェックすることができます。

- 1×1のサイドリング付きプレートと1×2のグリルを使い、ふわふわの毛を作る
- 1×2のヒンジブロックとヒンジプレート
- 目は1×1のプリント付きラウンドタイル

「お〜、すっきりさっぱり若返った。」

「おいでフリーダ、バスタイムだよ！」

「輪切りにして、ラムチョップにする気？」

- クローウェポンは、ヒツジの毛を刈る道具にもなる
- 囲いの側面は、ベースとクリップ連結させた監獄の扉

シープディップ

寄生虫や病原菌がつかないように、ファーマーはときどきヒツジをシープディップ（洗羊液）に浸して洗います。バーが組みこまれたパーツでフェンスを作り、小さめの透明なプレートでヒツジを浸すプールに液を張ります。

- バーにはしごをクリップ連結させたななめのフェンスで、ヒツジをプールに追いこむ
- さまざまな色合いの青と無色の1×1のプレートをミックスしたシープディップ

プラウ付き小型トラクター

ファーマーには、農場を移動するためのトラクターが必要です。土を耕すのに便利なプラウ（鋤）を取りつけたりはずしたりできるように、ボールジョイント・ヒンジを組みこんでおきましょう。

- 1×1のラウンドプレートを2枚かさねた小さな煙突
- プラウのアタッチメントに組みこんだボールソケット付きプレート

- マッドガードのパーツ
- ボールジョイント付きプレート

プラウの取りつけ

このプラウは、ボールソケットを中心に、歯プレートとプレートをサンドイッチのようにかさねて作ります。それをトラクターの後ろに組みこんだボールジョイントと連結させます。

- 歯プレートがプラウの歯になる

カントリーフェア

カントリーフェアでは、地元のファーマーや職人がじまんの農作物や作品を出品し、盛大な品評会がおこなわれます。それに、できたてのおいしい料理もたくさん売られています！

ニンジンの展示ブース

露店スタイル

ここにある2つの露店ブースは、壁の部分もキャノピーも形が似ていますが、作りかたはまったく違います。ニンジンの展示ブースは、写真でわかるように下から上へ組み立てられていますが、パン屋さんの屋台のほうは横方向に組み立てられています。

プレートをかさね、その上にタイルとジャンパープレートをならべた品評台

この巨大なニンジンは、2×2のコーンと2×2のドーム型ブロックをレゴ®テクニック十字軸でつないだもの

キャノピーの端に歯プレートをならべると、波型の飾りになる

パン屋さんの屋台

ただいま、テーブルセッティング中。

いろいろな形や色のタイルを使って、チェックのテーブルクロスを作ろう。

レジャー活動

大忙しの一日をすごしたシティープランナーは、景色のいい場所にテントを張ってゆっくり休むことにしました。アウトドアレジャーのシーンを組み立てて、あなたのミニフィギュアたちを、ゆったりくつろがせてあげましょう。

いろいろな木の作りかたは、82-83ページを見てね。

高さをずらしてハーフアーチを2つ使うと、この木の形ができる

1×2のハンドルバー付きプレートに旗のパーツを組み合わせたキャンピングチェアー

1×1のスロープがテントの両サイドを下から支える

ハンドルバー付きプレートを2枚使ったリュックサック

このガイロープ（張り綱）は、バーとポッチがついたストリングロープを使い、バーをクリップ付きプレートと連結させている。両はしにポッチがついたストリングロープを使ってもいい

小さなグレーのパーツが、たき火の灰になる

この小さなキャンピングテーブルは、銀色のラウンドプレート2枚の上にクリップ付きプレートとシールド（盾）をかさねたもの

キャンプ場

上の2人用のテントは、壁のコーナー部分と同じように組み立てます。後ろに傾斜付きプレートがあり、1×1のスロープで両サイドを支えています。下のファミリー用テントのほうは、3枚の壁（両サイドと屋根の部分）をヒンジで連結し、後ろに4枚目の壁を作ります。中央にある支柱は、屋根に組みこまれた側面ポッチ付きブロックと連結しています。

側面ポッチ付きブロックの列

支えとなる壁

後ろの壁は、テントの両サイドと屋根を支える役目をはたします。テントの形に合わせて、スロープを使って組み立てましょう。上の段の側面ポッチ付きブロックが、屋根の部分と連結します。

1×1のコーンにもよう付きのレーダーアンテナをかさねたキノコ

テントの中はゆったりしていて、家族全員が入れる

テントの下に敷く平らなシートにはタイルを使う

透明なブロックを組みこんで窓にする

透明なコーンに炎のパーツをさすと、赤々と燃えるキャンプファイヤーができる

キャンプは楽しいな！でも、テレビはどこ？

ピクニック広場

木陰にシンプルな木のテーブルとベンチを組み立てて、景色のいい郊外でのすてきなピクニックシーンを作りましょう。食べ物に飲み物、それにピクニックを楽しむための道具を持っていくのを忘れないで！

1×1のブロックに1×1のスロープをかさねた、紙パック入りジュース

透明なミニフィグヘッドにカップのパーツをかさねた魔法びん

人生はピクニック。楽しまなくちゃ！

ポッチ1個分の幅の茶色いプレートを2枚かさねたベンチ

試合をするなら、テニスラケットは1つじゃたりない！

このピクニックテーブルの脚は、ログブロックとテクスチャーブロックでできている

魚つり

川のほとりに砂の堤防を作って、ミニフィギュアたちにのんびり魚つりを楽しませてあげましょう。天気のいい午後、のどかな場所での魚つりは最高！

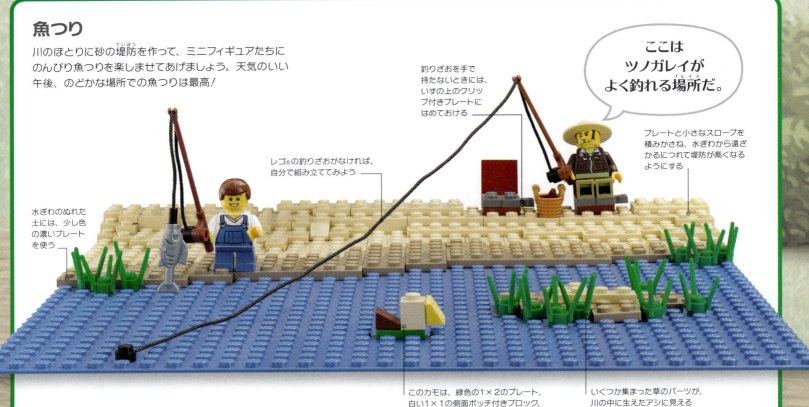

釣りざおを手で持たないときには、いすの上のクリップ付きプレートにはめておける

ここはツノガレイ（プレイス）がよく釣れる場所だ。

プレートと小さなスロープを積みかさね、水ぎわから遠ざかるにつれて堤防が高くなるようにする

レゴ®の釣りざおがなければ、自分で組み立ててみよう

水ぎわのぬれた土には、少し色の濃いプレートを使う

このカモは、緑色の1×2のプレート、白い1×1の側面ポッチ付きブロック、茶色と黄色のスロープでできている

いくつか集まった草のパーツが、川の中に生えたアシに見える

| 88 | モダン・メトロポリス | カントリーサイド | 大作モデル |

モジュラービルディング

この章の最初（54-55ページ）にあるベーシックなモジュラービルと、この三階建てのファームハウスとでは、見た目は大ちがい。でも、じつはこのファームハウスにも、同じモジュールスタイルのビルディング方式が使われているのです。

ファームハウス

カントリーサイドをあちこち見てまわったシティープランナー。これでいよいよ、ビルディングスキルを思いきり発揮できそうです。彼女がチャレンジするのは、あわただしい大都会から遠く離れた場所で農業をいとなむ一家のためのファームハウスです。

- 1×1のラウンドブロックで作ったチムニーポット（通風管）
- 平らな屋根がついたドーマー（明かりとり）で、屋根裏部屋にも小さな窓ができる
- 屋根にはスロープかタイル、プレートを使う。あるいはブロックを階段状に積みかさねてもいい
- テクスチャーブロックを組みこむことで、コーナー部分にディテールが加わる
- クリップと、バーなどの細長いパーツを使って雨どいを作る
- 小さな窓をいくつか組み合わせて大きな窓を作る
- 1段目は、しっかりした"石"の土台

「あー、できたてほやほやの堆肥のいい香りがする。」

シティープランナーのにぎやかな街が完成しました。

いつか、すべてがきみのものになるかもしれないよ！

メェ～！

この車、アイスクリームトラックだったよね！

プラスチック（カード）しか持ち歩かない主義。

ワイルド・ウエスト

ハウディー、相棒！小さなフロンティアの町ビルド・シティーに、新しく保安官がやってきました。うわさでは、町じゅう"ならず者"だらけだとか。ブロックをたくさん集めたら、保安官と保安官補といっしょに馬に乗って見回り、ワイルド・ウエスト（西部の荒野）の町をにぎやかにいろどるモデルを組み立てましょう。カウボーイの合言葉は、イーホー！

荷馬車
にばしゃ

保安官と保安官補は、ビルド・シティーに法と秩序をもたらそうとしています。でもその前に、食料や機材を積んで砂漠を移動するためのもの——つまり、荷馬車（ワゴン）が必要です！　まず、土台を作る長方形のプレートを見つけましょう。いちばんいいのは、木製に見える茶色と黒のプレートです。

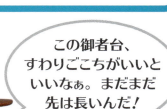

ここからスタート

レゴ®テクニックピンが車輪と連結する

プレート6×10

1 台を組み立てる

荷馬車というのは、ようするに車輪がついた台です。まず、作りたい荷馬車の大きさを決め、それに合ったサイズのプレートを用意します。そこへ車輪の連結ポイントをつけ、小さなプレートを何枚か使って固定します。

レゴ®の車輪はいろいろある。レゴ®テクニックピンにはめたこの大きな車輪は、荷馬車にぴったり

2 車輪の位置

ハーネスを使って、馬を荷馬車の土台に連結させ、次に車輪を取りつけます。荷馬車が高すぎたり低すぎたりする場合は、連結ポイントを調整します。荷馬車が勝手に走りだしてしまうようなら、馬と車輪はあとで連結させましょう。

乗りごこちよくするには、荷馬車と馬のハーネスの高さをそろえることが大切。

「この御者台、すわりごこちがいいといいなぁ。まだまだ先は長いんだ！」

座席のポッチでミニフィギュアを固定する

3 座席をつける

2×6のプレート1枚と1×2のプレート2枚で、低い御者台を作ります。ログブロックをかさねて作った背もたれは、本当に木でできているように見えます。

パーツをオーバーラップ（複数のパーツにまたがるようにかさねあわせる）させ、車輪をしっかり固定する

95

よし、これで荷物はカンペキ！

側面の板をふぞろいにすると、古いおんぼろの馬車らしく見える

岩山については、99ページを見てね。

荷台の後ろの壁を低くしておくと、荷物を出し入れしやすい

たるや箱のパーツにタイルをかぶせてふたをする

4 荷物を積む
後ろの荷台は、食料や機材を積みこむ場所です。荷物が転がり落ちないように壁を作りましょう。横向きのポッチにはめたタイルが、本物のウエスタンワゴンについている木の囲いのようです。

砂漠の長旅のあいだ、カウボーイハットが日ざしから守ってくれる

保安官は、実際にはムチを使わない──見かけだけ

5 いざ出発！
その調子だ、カウボーイ！ 荷馬車を動かしてみて、車輪のバランスを確かめるのを忘れずに。頑丈な荷馬車ができあがったら、いよいよ出発です。さて、ワイルド・ウエストを旅するふたりは、どんな景色を目にするのでしょうか？

荷馬車は走る

最初の荷馬車はとてもシンプルなものでしたが、道を進んでいくうちに、もっと手の込んだ荷馬車に出会うかもしれません。ここで紹介する荷馬車は、最初のステップは同じでも、使い道によってそれぞれ組み立てかたが違ってきます。

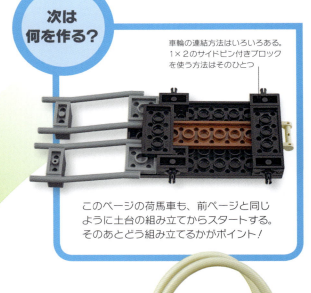

次は何を作る？

車輪の連結方法はいろいろある。1×2のサイドピン付きブロックを使う方法はそのひとつ

このページの荷馬車も、前ページと同じように土台の組み立てからスタートする。そのあとどう組み立てるかがポイント！

チャックワゴン

チャックワゴン（炊事馬車）は、近くにある騎兵隊の砦へ新鮮な肉や農作物を運びます。前ページの荷馬車と似ていますが、チャックワゴンらしい形にするために曲げたチューブをつける分、少しだけ手がこんでいます。

チャックワゴンへ

ゆっくりいこうぜ、おれのかわいい馬たちよ。

フレキシブルなレゴ®のチューブを弓なりに曲げる

車輪が小さいほど、地面に近くなる

車軸プレートのピンに車輪をはめる

道具や肉、ボトルなどをクリップで荷台に固定する

背面

荷物に日が当たらないように、チューブに布をかぶせて、ほろ馬車にしよう

この馬には関節があり、後ろ脚で立てる。立っている姿は100ページ！

重い荷物は2頭の馬に引かせよう

西部の景色

どこまでも続く西部の荒野には、見どころなんかなさそうに思えるかもしれません。でも、経験ゆたかなカウボーイたちは知っています。荒野にぽつんとひとつ岩や植物があるだけで、まわりの風景がぐんと神秘的になることを。あなたのワイルド・ウエストを、おもしろい場面でいっぱいにしましょう！

ヘッドライトブロック

茶色の2×2のラウンドブロックとタイルで、木彫りらしく見える

ヘッドライトブロックを目、スロープをくちばし、曲面ハーフアーチを翼や枝つの（シカなどのつの）にして顔を作る。

トーテムポール

トライバル・ドラムの音が聞こえる川のほとりに、高いトーテムポールが立っています。村のディテールを組み立てるさい、できるだけ実物の写真を見て参考にしましょう。

とがったルーフスロープ

1本のポールに使う色は2、3色にする

トライバル・ドラム

砂漠の村では、先住民の酋長が古くから伝わるトライバル・ドラム（たいこ）をリズミカルにたたいています。このシンプルなドラムは、2×2の赤いラウンドブロックを土台に2×2の茶色でアクセントをつけたもの。さらに2×2のタイルで表面をなめらかにします。

プレートを何枚かかさねると、盛り上がったでこぼこの地面らしく見える

たき火を囲む

だんだん暗くなってきたので、保安官たちは火をたきました。栄養たっぷりの料理を作って、そのあと交代で寝袋に入って眠ります。ならず者をつかまえるには、体を休めておかなければなりません！

炎と七面鳥のもも肉のパーツを、ジャンパープレートの穴にさしこむ

1×1のタイルを2色以上使って、チェックの寝袋を作ろう

騎兵隊の砦

保安官は、砂漠の真ん中にある騎兵隊の砦に立ちよります。そこで兵士たちから、あるうわさを聞きました。どうやら、札付きのならず者がビルド・シティーに向かっているようです……。砂漠をゆくキャラクターたちが立ちよる場所を組み立てて、西部の荒野に生き生きとしたシーンを加えましょう。

壁の切れこみの部分から砲口を出せる

そのカサカサいう音はなんだ？

あっ、すみません。袋入りナッツです。

このポーズなら、誰が見てもおれが隊長だとわかるだろう。

肩に肩章をつける

馬を後ろ脚で立たせると、出撃のポーズになる

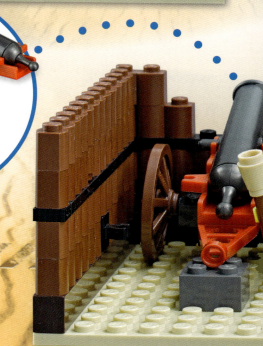

この大砲の台車は、94ページの荷馬車と同じような方法で作られている。

騎兵隊長

ランクの高い騎馬隊長は、りっぱに見えなければなりません。隊長にはデコレーションやアクセサリをプラスして、誰が見てもこの人が隊長だとわかるようにしましょう。

黄褐色と褐色のプレートを使い、砂地のディスプレイ台を作ろう

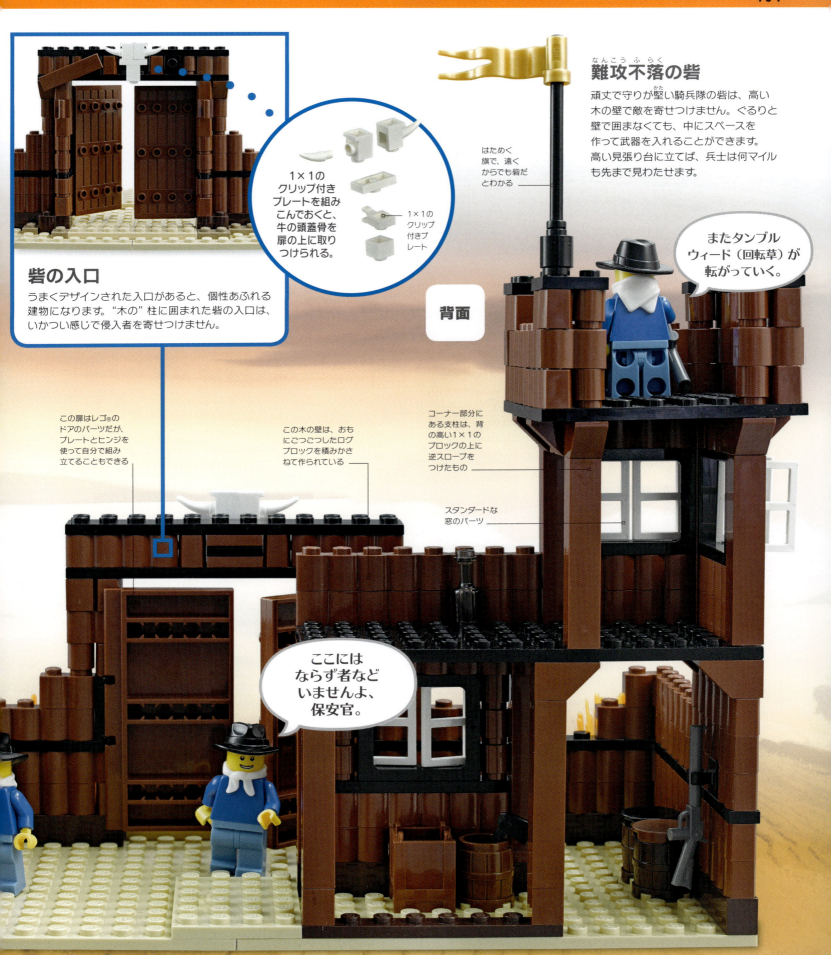

監獄
かんごく

保安官と保安官補が町へ着いたころには、ひと足先にやってきた"ならず者"が、すでに仲間の悪党を脱獄させていました！ ろくでなしの悪党が脱出する監獄を作ってみましょう。

ここからスタート

長さや幅、色がことなるタイルを使うことで、長年のあいだに板がこわれて修理された感じになる

土台にドアが入るすきまをあけておく

1 土台づくり
大きな黄褐色の基礎板を使って砂の地面を作り、昔風の板張りの歩道をつけます。ダークグレーのブロックが石の土台になります。

いちばん上に長いブロックを渡し、前面の壁を固定する

壁がぬける部分の穴。表面がなめらかなパーツの上に壁を乗せておく

このようなドアのパーツがなければ、扉をつけずにアーチにしてもいい

2 崩れかけた壁を作る
土台ができたら、次は壁とドア。ふつうのレゴブロックにテクスチャーブロックをいくつかまぜて、古びてしっくいがはがれた、いまにも崩れ落ちそうな壁を作りましょう。ブロックをジグザグに積みかさねると強度が増します。

側面ポッチ付きブロックにタイルをはめて、レンガが飛び出した部分を作る

壁のすり減った部分には、ラウンドブロックを使う

ブロックのトリック
古びた石壁に見せる方法は、ほかにもあります。壁全体をなめらかに仕上げずに、ところどころにテクスチャーブロックを加えるのがコツ。

3 監獄の外
監獄の外には、どんなものが必要でしょうか？ 開拓時代の西部では、馬に乗って移動していました。建物に入るときに馬をつないでおく柱を作ってはどうでしょう？

……ちょっと散歩してるだけだ……

小さな褐色のプレートが、たまった土や泥に見える

町の風景

建物をひとつずつ組み立てて、西部の町並みを作りあげましょう。監獄のそばには、銀行や雑貨店があるかもしれません。町はずれには牧場もありそうです。

次は何を作る？

銀行

通りに沿って建物をならべたときにぴったり合うように、基礎板とタイルの歩道をそろえておこう。

銀行

町の住民が安心してコインや貴重品を預けられる銀行を作ってあげましょう。でも、銀行強盗には気をつけて！

表面に茶色のタイルをかぶせると、板張りの屋根になる

つやつやしたタイルの床で、ハイクラスな雰囲気の銀行になる

背面

これは、横向きのポッチとプレート、タイルを使ったちょっと複雑な看板。このような看板の作りかたは、108-109ページ

ウエスタン牧場（ランチ）

この牧場には、基礎板が2枚使われています。1枚は建物用、もう1枚は隣接する家畜の囲い場用です。囲いができたので、家畜が勝手に町を走りまわることはなくなるはず！

カモン、ベッシー。ジャンプして、この輪をくぐりぬけて！

そんなの、無理だろ。

花のくきのパーツが、小さな草むらになる

雑貨店 →

この飾りは、看板の表面に組みこんだバー付きプレートに、1×1のコーンと1×1の垂直クリップ付きプレートを連結させて作る

背面

商品ディスプレイ用の木箱、たる、壁のクリップ

雑貨店

ニンジンからダイナマイトまで、町の雑貨店には、西部の暮らしに必要なものがなんでもそろっています。誰が見てもお店だとわかるように、屋根に大きな看板をつけましょう。

ウエスタン・タウンのアイテムについては、110-111ページを見てね。

フレンドリーな店員も加えよう

↓ ウエスタン牧場（ランチ）

ランチハウス（牧場主の家）には、傾斜のついたカラフルなタイルの屋根がかかっている

側面ポッチ付きブロックにフェンスの板をはめる

ランチルーフ

この屋根は、いろいろな色の1×1のラウンドブロックをかさねて作られています。補強のために、あいだに細長いプレートを何枚かはさみます。ログブロックを下向きに組みこんでおくと、家の後ろに渡した長いブロックに屋根が乗る形になります。

背面

西部の酒場

ワイルド・ウエストも、酒場(サルーン)がなければちっともワイルドではありません。カードゲームからカウボーイのけんかまで、酒場ではいつも何かが起きています。だから、そこはならず者のお気に入りの場所。法をおかしていないときには、いつも酒場に入りびたり！

次は何を作る？

一階建ての建物をいくつか作ったら、こんどは西部の町並みに二階建ての建物も加えてみては？

酒場

この看板の作りかたは、108-109ページを見てね。

酒場の外側

外側には、西部劇に出てくるようなスイングドアや特大の窓、それに木のバルコニーがあります。このモデルのような二階建ての大きな建物は、念入りにプランを練って、崩れないようにブロックをしっかり連結させる必要があります。

柵の切れ目には、1×1のラウンドブロックを2つかさねたものを入れ、1×3のプレートで固定する

このバルコニーの支柱は、縦に長い1×1のブロックと小さなアーチ、1×2の逆スロープでできている。

この店、気に入ったぜ。

キャノピー（日よけ）の端を、壁の前に突き出たヘッドライトブロックのポッチと連結させる。

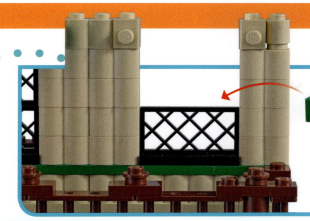

飾り窓

窓の上半分は、まず格子付きフェンスのパーツとさかさにした1×4の側面ポッチ付きブロックを連結し、それをポッチ6個分の幅の緑色のキャノピーとつなぐ。

酒場の内側

店内には、酒のボトルが置かれたバーカウンター、お客がすわるスペース、それに二階のバルコニーがあり、ミニフィギュアはそこから下のようすを見ることができます。下で何が起きるかは、あなたしだい！

しばらくシェークスピアに会っていないわね。

うわさをすれば！

茶色のストライプは、強度を高めるために屋根やバルコニーが壁とつながっている部分

店内の柵と外の柵は同じデザイン

カーブした柵が、スムーズに壁につながる

柱でバルコニーと屋根の両方を支える

二階のフロアは狭いが、そのかわりカーブした柵がついている

この雨戸のパーツがなければ、プレートとバーでヒンジ付きのスイングドアを組み立てればいい

バーカウンターの足元にあるクリップに金色のバーをはめて、真鍮の飾りをつける

背面

看板

西部の町の店になくてはならないのが、屋根の上の大きな看板です。レゴブロックで文字を組み立てる方法はたくさんあります。さっそく看板づくりに取りかかれるように、シンプルな看板の作りかたと、少し難易度の高い複雑な看板の作りかたを紹介しましょう。

1 シンプルな看板

このシンプルな看板は、プレートを横方向にかさねて文字を作ったものです。たとえば「S」と「A」は、次のように組み立てます。手持ちのブロックを使って、ほかの文字も作ってみましょう。

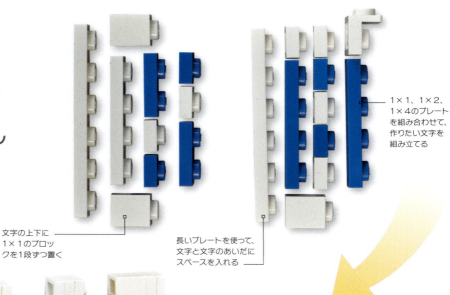

1×1、1×2、1×4のプレートを組み合わせて、作りたい文字を組み立てる

文字の上下に1×1のブロックを1段ずつ置く

長いプレートを使って、文字と文字のあいだにスペースを入れる

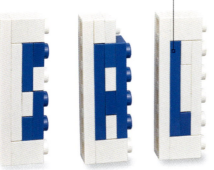

ここにある文字はすべて、幅がプレート2、3枚分

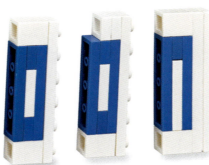

2 単語を作る

ひとつひとつの文字ができたら、それをつなぎ合わせて単語を作ります。あいだにスペースを入れるのを忘れると、読みにくい看板になるので要注意。てっぺんに側面ポッチ付きブロックを組みこんでおけば、看板の上にアーチ型の飾りをつけることもできます。

1×2のアングルプレートでアーチをつける

文字が目立つように、めりはりのある色を選ぼう

完成したシンプルな看板

1 文字の縦線

まず、バックとなる壁を組み立てます。壁には、文字になるプレートを連結させるためのバーをつけておきます。次に、プレートとタイルを横方向に連結し、各文字の縦線の部分を組み立てます。バーに連結できるよう、1×1の水平クリップ付きプレートも組みこんでおきます。

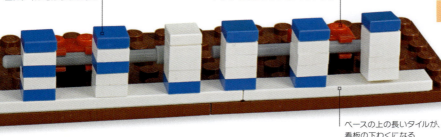

壁の下のほうに、土台と連結させるために1×2のブロックが入るすきまをあけておく

文字の縦線部分は、下の写真にある横線部分とぴったりかみあうように作られている

クリップとバーを使い、看板のバックに取りつける

ほとんどの文字は1×1または1×2のプレートやブロックで組み立てられるが、1×2の穴あきブロックが必要な文字もある。

このひとつひとつのかたまりは、1×1のプレート（垂直クリップ付きプレートを含む）をかさね、上にタイルをかぶせたもの

クリップが2つついた1×2のプレートをふつうのプレート2枚にかさねると、1×2のブロック1個と同じ形になり、バックの壁にちょうどフィットする

2 文字の横線

1×1のプレートとタイルを使って、同じように文字の横線を組み立てます。ただし、こんどは水平クリップではなく垂直クリップがついた1×1のプレートを使います。次に、看板のベースに組みこまれたクリップにバーを取りつけます。

ベースの上の長いタイルが、看板の下わくになる

3 最後の仕上げ

最後に、縦線と横線がぴったり合うように2つのセクションを合体させます。その上に、タイルとプレート、アーチのパーツを使って屋根とアーチをつけます。

飾りとして、ポッチをいくつか残しておく

中のからくりが見えないように、なめらかなタイルでかくす！

完成した複雑な看板

タウンアイテム ギャラリー

ワイルド・ウエストからそのまま抜け出てきたようなモデルになるように、西部らしさをかもしだす人物や動物、家具、そのほかさまざまなミニモデルを登場させましょう。

酒場のテーブル

木製のドア

机といす

この歌を知ってる人は、いっしょに歌って。

ピアノの鍵盤には白いグリル、足元のペダルには1×1のスロープが使われている。側面ポッチ付きブロックで楽譜を立てておく。

ピアノ

銀行の金庫

蒸気機関車

荒野のアドベンチャーに大活躍するのが、蒸気機関車です。荷物を積みこんだり、シュッシュッと音をたてながら砂漠の平原を突っ走ったり、それにハイスピードの強盗にも。次の手順にしたがって、ウエスタンスタイルの蒸気機関車を組み立てましょう！

ここからスタート

後ろのマグネットカップリングで次の車両とつなげる

1 車台

まず、レゴ®トレインのセットに入っている頑丈なホイールベースを使った組み立てから。この場合は、すでにレゴ®トレインの線路にちょうどいい間隔で車輪が配置されています。ホイールベースがなければ、プレートとホイールで組み立てることもできます。

> キラッと光る金色が入ると、すごく豪華に見えるんだ！

2 台車と火室

プレートを使って車輪をつなぎ合わせ、車輪の幅いっぱいに台車を組み立てます。次にエンジンを組み立てますが、鉄のままならば黒、ペンキ塗りたてならば明るい色のパーツを使いましょう。リアルなディテールとして、透明なパーツを使い、列車の動力源となる火室の中の炎を作ります。

- このレゴ®のカウキャッチャーには、ポッチ6個分の幅の台車がちょうどいい
- 火室の炎は、1×1のラウンドプレート
- 金色のハンドルバー付きプレートを3枚ならべると、列車の側面にすてきなディテールが加わる
- 小さなハーフアーチで、コーナーに丸みをつける
- 2つの小さなハーフアーチをタイルでつなぎ合わせた、なめらかなエンジントップ
- ジャンパープレートの真ん中にあるポッチに、1×1の黒いラウンドプレートをはめる
- タイルで両サイドのポッチをかくす
- レゴ®トレインのセットに入っている、カウキャッチャーのパーツ。なければ、スロープやルーフブロックで組み立てられる

3 丸みのあるエンジン

機関車の蒸気エンジンは、シリンダー型です。ちょうどいいパーツがあれば、コーナー部分に丸みをつけましょう。きれいな外装のほかに、列車の前面にディテールを加えられるよう、側面ポッチ付きのパーツを組みこんでおきます。

4 煙突と運転室

機関車の前の部分ができたら、次に後ろにある運転室を作ります。機関士はそこで火室の管理をしながら列車を動かします。1×1のブロックをかさねて、運転室を囲む支柱（ルーフサポート）を組み立て、タイルの温度計を取りつけます。エンジンの上には、忘れずに煙突をつけましょう！

レゴ®テクニック十字軸を使って4×4のコーンをさかさにつけた煙突。

水平クリップ付きプレートを使えば、支柱に機関士がつかまる手すりを設置できる

柱をあと1本つければ、運転室が完成だ！

この機関車は、リバーポート（118-121）と同じ配色。所有する会社が同じなのかもしれない

ゲージ（計器）がプリントされたタイルで、メカニカルな機関車らしくなる

6×6のプレートの両端に1×6のタイルをかぶせたルーフ

レーダーアンテナ1枚と4×4のラウンドプレート1枚をかさね、それを前ページのステップ3で組みこんだ側面ポッチにはめこんだら、丸いエンジンカバーのできあがり。

5 ワイルド・ウエスト・エクスプレス

運転室にルーフ（屋根）をつけたら、蒸気機関車の完成です！さあ次は、列車の車両部分。作りかたは、次のページにあります！

列車の車両

ならず者が、町から姿をくらましました。通過する蒸気機関車の、からっぽの有蓋車（ゆうがいしゃ）に飛び乗って逃亡したのです。ここで紹介する車両のアイデアをヒントに、西部の荒野を走るあなただけの列車を組み立てましょう。

次は何を作る？

蒸気機関車が完成したら、こんどは後ろに続く車両を組み立てよう！ ブロックが足りなければ、車両のかわりにトロッコを作ってもいい。

- 透明な黄色の1×1のラウンドプレートを使ったヘッドライト
- 岩だらけのででこぼこした地面に見えるように、ポッチはむきだしのままにする

トロッコ

金の採掘者は、このようなトロッコを使って金鉱の奥から出口まで金鉱石を運びます。2×6のプレートをベースに、前面、背面、側面を組み立てて、箱の形をしたトロッコを作ります。

- アングルプレートにヘッドライトを連結
- トロッコの内側は、1×4のブロック

トロッコの分解図

前面と背面に逆スロープを使うと、逆三角形のトロッコができます。タイヤなしで車のホイールハブだけを使った車輪を、小さな十字軸付きピンで2×2のプレートに取りつけます。

- ジャンパープレートに1×1のラウンドプレートをはめた汽笛

ポッポーと鳴る汽笛を聞いているときが、いちばん楽しい！

炭水車

炭水車

3方向に壁があるこの小さな車両は、蒸気機関車の燃料が積まれた炭水車です。前面が開いているので、火室の石炭が少なくなったら、機関士はそこからシャベルですくって補給します。

- 黒いブロックを積みかさね、1×1のラウンドプレートで表面をでこぼこにした"石炭"
- クリップ付きプレートでシャベルを固定する
- 石炭の山の表面に近いところにあるプレートで、黒のストライプができる

このマグネットカップリング（連結器）がなければ、車両をつなげる方法を自分で考え出そう！

- てっぺんのポッチが、天井のプレートの下にある溝をすべるように通る
- プレートの底が、レール付きプレートの上をすべるように通る

スライド式のドア

有蓋車のドアの上と下（天井と床）の部分には、サイドレール付きプレートがついています。そのため、上下のサイドレールにはさまれたドアは、はずれることなくスムーズに開閉します。

有蓋車

有蓋車

西部をテーマにした多くのモデルと同様、この有蓋車にも、丸太のように見える茶色のログブロックと1×1のラウンドブロックが使われています。スライド式のドアは、大切な貨物を運んだり……逃亡者が身をかくすのに便利です。

おれは、逃げてるときがいちばん楽しいぜ！へっ、へっ、へっ……。

| 116 | ワイルド・ウエスト | 列車に乗って | 世界を広げる |

昔の金鉱

列車に乗って逃亡した"ならず者"は、砂漠の真ん中にある昔の金鉱にたどりつきます。金鉱の入口と地下の岩壁には、98-99ページで岩山を組み立てたときのテクニックが使えるかもしれません。地下の坑道では、保安官があともう少しで、最重要指名手配のならず者に追いつきそうです。

金鉱の入口

金鉱の入口は、岩柱（99ページ）と同じように組み立てます。ただし、トロッコとレール、トンネルの岩盤が崩れないように支える支保工、金鉱へ通じる洞窟のようなトンネルアーチなど、そこで採掘がおこなわれていたことを物語る形跡を加えましょう。

まわりのパーツに逆スロープを連結させて安定性を高める。トンネルの天井が崩れたら困る！

岩に側面ポッチ付きブロックを組みこんでおくと、ディテールをいろいろプラスできる

グレーのタイルと小さな茶色のプレートで作った、昔のトロッコのレール

両側にしっかりしたベースを作ってからトンネルアーチを組み立てる

濃い茶色と薄い茶色をまぜることで、年月をへて風化した感じになる

逆スロープを使い、天井部分でつながるようにトンネルの側壁を組み立てる

クリップで取りつけたランタンが、暗いトンネル内の明かりになる

金鉱の斜面と、98-99ページの砂漠の風景、さらに金鉱の入口を組み合わせると、もっとおもしろいシーンになる。

前ページのトロッコを加えて採掘シーンを作りあげよう

金塊や道具箱などのこまかいディテールで、リアルさが加わる

冒険家になった気分だ。巨岩が追いかけてきたりしないだろうな。

背面

金鉱の中

金鉱の内部は、大型の背景として組み立てられています。高い足場と、チェーンで吊るされた"たる"があり、ミニフィギュアたちはとびきりエキサイティングなアクションシーンをくりひろげることができます。モデルが倒れないように、下のほうに重さが集中するようにします。張り出した天井を逆スロープが下から支えていますが、あまり張り出しすぎると、壁面のバランスが崩れるので要注意。

上に地上の景色を加えると、ほかの部分が地下らしく見える

景色にとけこむ薄い支柱で天井を支えているので、上のほうが重くなりすぎない

バランスよくするため、ベースよりも上が幅広くならないようにする

おれをつかまえようったって無駄だぜ、保安官！

止まれ、悪党ども。

プラスチックの帽子をかぶってて、助かった！

たるが吊られたアームは、ポッチ1個で連結しているため、回転したり、戦いのさなかにはずれたりする。たるをブロックの"石"や金属鉱石でいっぱいにしよう

チェーンは、昔の装備としてぶら下げておくだけでもいいし、道具や囚人を吊ってもいい

この鉄製ランプは、リバーボート（119ページ）についているものと似ているが、こちらのカバーは小さなレーダーアンテナ

リバーボート

金鉱から逃亡した"ならず者"は、こんどは川の上流へと向かいます！ 保安官の必死の追跡をかわし、水車のようなパドルホイールを回して進む外輪船（がいりんせん）に飛び乗ったのです。これから紹介する組み立てかたをヒントに、西部の川を進むオリジナルのリバーボート（川船／かわぶね）を作りましょう。

左右の船尾（せんび）部分を長くする。そのあいだにパドルホイールが入る

タイルやプレートでデッキをつなぎ合わせる

デッキが陥没（かんぼつ）しないように、ブロックで下から支える。どんな形や色のブロックでもいい

船のベース

このリバーボートのベース部分は、レゴ®の船首用パーツ1個と船体用パーツ2個でできています。船用のこうした大型パーツがない場合は、ブロックと逆スロープで組み立てることもできます。

> 保安官もしぶといな……
> こうなりゃ、意地でも逃げのびてやる！

金色のディテールで、豪華でぜいたくな印象になる

川を進む船

ミシシッピスタイルの外輪船は、組み立てはたいへんですが、完成した姿はとてもすてきです。カラフルなパーツを使い、ペンキを塗ったようなあざやかな色に仕上げます。昔の西部らしく、茶色い木の部分もたくさん盛りこみましょう。

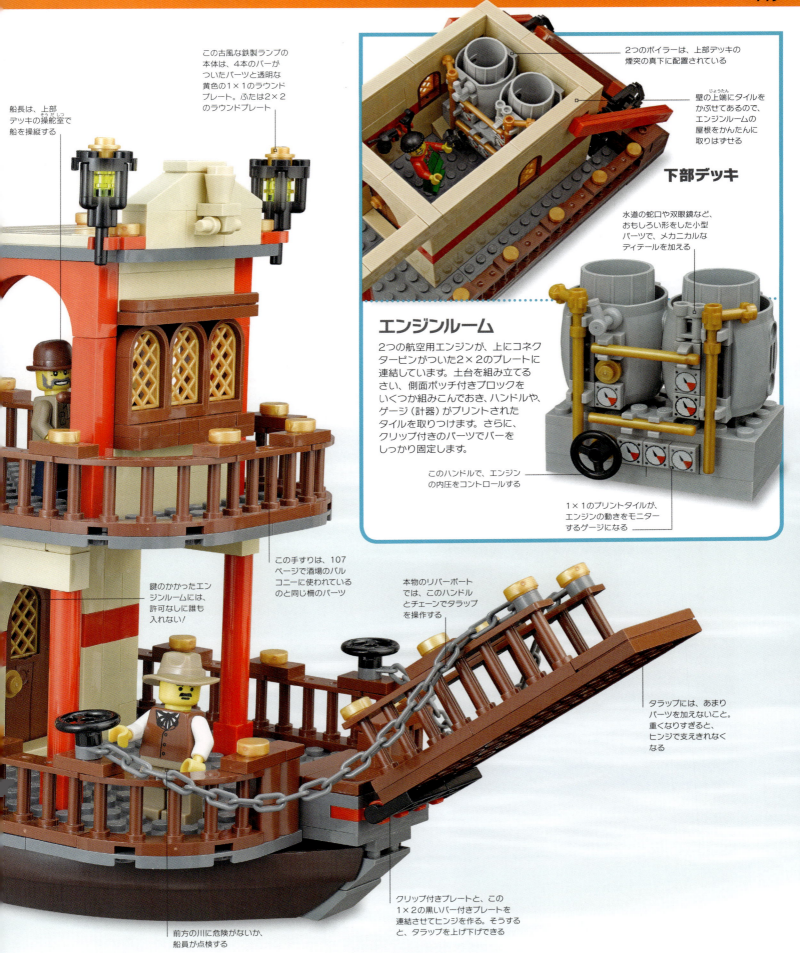

119

この古風な鉄製ランプの本体は、4本のバーがついたパーツと透明な黄色の1×1のラウンドプレート。ふたは2×2のラウンドプレート

船長は、上部デッキの操舵室で船を操縦する

2つのボイラーは、上部デッキの煙突の真下に配置されている

壁の上端にタイルをかぶせてあるので、エンジンルームの屋根をかんたんに取りはずせる

下部デッキ

水道の蛇口や双眼鏡など、おもしろい形をした小型パーツで、メカニカルなディテールを加える

エンジンルーム

2つの航空用エンジンが、上にコネクターピンがついた2×2のプレートに連結しています。土台を組み立てるさい、側面ポッチ付きブロックをいくつか組みこんでおき、ハンドルや、ゲージ(計器)がプリントされたタイルを取りつけます。さらに、クリップ付きのパーツでバーをしっかり固定します。

このハンドルで、エンジンの内圧をコントロールする

1×1のプリントタイルが、エンジンの動きをモニターするゲージになる

この手すりは、107ページで酒場のバルコニーに使われているのと同じ柵のパーツ

鍵のかかったエンジンルームには、許可なしに誰も入れない!

本物のリバーボートでは、このハンドルとチェーンでタラップを操作する

タラップには、あまりパーツを加えないこと。重くなりすぎると、ヒンジで支えきれなくなる

前方の川に危険がないか、船員が点検する

クリップ付きプレートと、この1×2の黒いバー付きプレートを連結させてヒンジを作る。そうすると、タラップを上げ下げできる

リバーボート
（続き）

パドルホイール（外輪）

パドルホイールは、2枚の大きな六角形のプレートのあいだに、1×1のブロック（背の高いものと低いもの）をはさんで作ります。中心に通した長いレゴ®テクニック十字軸の両端を、船体後部に組みこまれた穴あきブロックで固定します。

夜間にほかの船から見えるように、1×1のクリップ付きプレートでランプを取りつける

2本の大煙突のあいだを低い壁で仕切る

「全速力で前進せよ。」

後部パドル

リバーボートは、エンジンを動かし発生させた蒸気で、後方にあるパドルホイールを回転させて進みます。リバーボートのモデルで最も重要な部分は、回転するパドルホイール。それがなければ、ただのボートになってしまいます！

背面

後方に取りつけたランプの台座は、ジャンパープレートに連結させたコーン

金色の1×1のラウンドタイルは、ワイルド・ウエストの金貨にもちょうどいい

操舵室と煙突

下部デッキと同じように、上部デッキもグレーのプレートで組み立てます。煙突は4×4のラウンドブロックを積みかさね、マカロニブロックを丸くならべて、てっぺんの空洞部分を作ります。

操舵輪に取りつけたピンを、黒い穴あきブロックにはめこむ

操舵室の側面は、高い1×1のブロックにアーチを乗せる

取りはずせる操舵室の屋根は、8×8のプレートをベースに組み立てられている

操舵輪は、誰にもさわらせない！

カヌーといかだ

保安官は、2人乗りのカヌーでならず者を追いかけます！ レゴ®のカヌーがなければ、自分で組み立てることもできます。丸太がわりにラウンドブロックを使って、いかだを作ってもいいでしょう。

カヌーの組み立て

カヌーの本体は、L字型のコーナーブロックと1×2のブロック、ミニフィギュアを連結させるための側面ポッチ付きブロックでできています。高く持ち上がった両端の部分には、逆スロープと曲面スロープが使われています。

真ん中の空洞部分に乗る

本体を長くすると、乗れる人数が増える

ならず者がどこへ向かっているか、教えてあげるよ！

底を平らにすると、カヌーの下半分が水中にあるように見える

オールのパーツがない？ それなら、バーやほかのパーツで組み立てよう！

マストのてっぺんは、いちばん上の十字穴あきブロックにさしたバー

マストは、2×2のラウンドブロックの十字穴にさしたレゴ®テクニック十字軸

帆をつける

1×3の曲面スロープをならべてプレート数枚でつなぎ合わせ、いかだの帆を作ります。それを1×2の十字穴あきブロック3個でマストに取りつけます。

青いプレートで水のベースを作る

小さな木箱に食料が入っている。中身が海に落ちないように、タイルでふたをする

ならず者のかくれ家

保安官は、ならず者が盗品(とうひん)をかくしている場所を見つけました——そこは、川岸のかくれ家！ 116-117ページの岩だらけの金鉱のような、2段がまえのシーンを作りあげましょう。

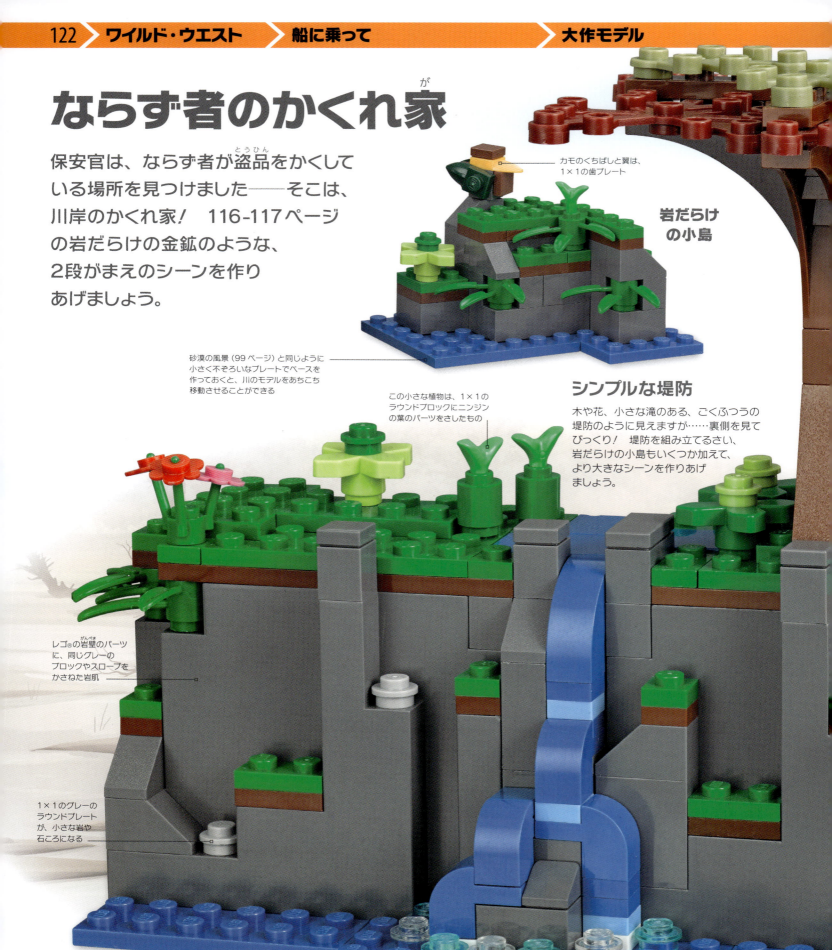

カモのくちばしと翼は、1×1の歯プレート

岩だらけの小島

砂漠の風景（99ページ）と同じように小さく不ぞろいなプレートでベースを作っておくと、川のモデルをあちこち移動させることができる

この小さな植物は、1×1のラウンドブロックにニンジンの葉のパーツをさしたもの

シンプルな堤防

木や花、小さな滝のある、ごくふつうの堤防のように見えますが……裏側を見てびっくり！ 堤防を組み立てるさい、岩だらけの小島もいくつか加えて、より大きなシーンを作りあげましょう。

レゴ®の岩壁(がんぺき)のパーツに、同じグレーのブロックやスロープをかさねた岩肌

1×1のグレーのラウンドプレートが、小さな岩や石ころになる

ビルド・シティーに、ようやく平和が戻りました——と言えるのかな？

またタンブルウィード（回転草）だ……。

また事件発生だ、保安官。

助けて、保安官！

ファンタジーランド

アリスを紹介します。いいえ、あのアリスじゃありませんよ！こちらのアリスは、あのアリスではありません！こちらのアリスは、現実の世界から逃避して、カラフルな空想の世界を思い描くのが好きな、ぷつうの女の子です。古い石橋を渡ったとたん、アリスはお気に入りの本に出てくるキャラクターが勢ぞろいする、ふしぎな世界に入りこめます。アリスといっしょに、夢いっぱいのファンタジーランドにある物や場所、動物たちを組み立てながら、自分だけのクリエイティブな工夫も加えてみましょう！

ファンタジーハウス

この奇妙なかわいいキューブ（立方体）の家に使われている色は、まるっきりばらばら！同じ色のパーツがそろっていなくても、空想の世界の建物なら楽しく組み立てられます。好きな色を、思いのままに使っていいのです。

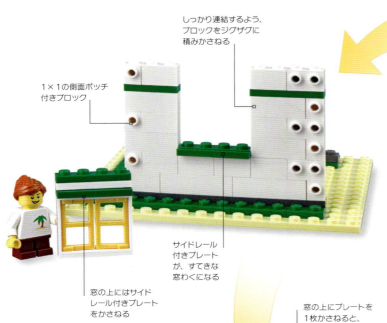

ここからスタート

基礎板がなければ、プレートを何枚かつなげて大きな1枚にする

端の1列を残してプレートをならべる

プレートは、開いている1辺の端からポッチ2個分内側までならべる

1 基礎板

まず、大きな四角い基礎板からスタートします。3辺の端のほうに、ポッチ2個分の幅のプレートをならべ、その上にポッチ1個分の幅のプレートをかさねます。

しっかり連結するよう、ブロックをジグザグに積みかさねる

1×1の側面ポッチ付きブロック

窓の上にはサイドレール付きプレートをかさねる

サイドレール付きプレートが、すてきな窓わくになる

2 壁の組み立て

ポッチ1個分の幅のブロックを使い、2段目のプレートの上に壁を組み立てます。写真のように、側面ポッチが端にくるようにブロックを配置します。窓をつけるための穴もあけておきましょう。

窓の上にプレートを1枚かさねると、左右の壁と高さがそろう

3 クリエイティブなコーナー部分

窓が完成したら、建物のコーナー部分を組み立てます。この家の場合、あとでタイルをはめられるように、コーナーに側面ポッチ付きブロックが使われています。強度を高めるため、それぞれの壁にプレートを1段ずつ組みこんでおきましょう。

下からポッチ5個分の高さにプレートを入れ、下のブロックを補強する

できれば、3つの窓の色をばらばらにしよう

1×1と1×2のタイルを、ポッチに横向きにはめる

タイルをたくさん使いましょ。

4 3枚の壁

幅が同じで、中央に窓がある壁を3枚組み立てます。そのうち中央の壁だけ、ブロック1個分高くしておきます（とりあえず今は！）。次に、壁の側面ポッチに明るい色のタイルをはめて、きれいなレンガ造りのように仕上げます。

キューブビレッジ

キューブハウスのまわりには、同じような形をした家が立ちならぶ、ちょっと変わったすてきなビレッジ（村）ができています。形は似ていても、家はひとつひとつ違います。もっているブロックを使って、ここにあるようなカラフルなファンタジービルディングや、あなただけの新バージョンを作りましょう。

次は何を作る？

ファンタジーランドの家がひとつ完成。こんどは、もっといろいろなスタイルのカラフルな家をたくさん作ろう。

窓の日よけ

この日よけは、壁に組みこまれた1×2の逆スロープ2個に支えられています。1×6のアーチは2×6のプレート1枚で壁に固定され、その上にかさねたスロープが日よけの形になります。

壁に組みこまれた白い2×6のプレートを土台に、小さなハーフアーチを6個、さらに同色の1×2タイルをかさねると、こんなカラフルなストライプの日よけができる。

壁のてっぺんに、タイルでラインを入れる

このストライプは、壁に組みこんだ2×10のプレート

クリップ付きブロックに連結させた、窓のよろい戸

縦溝と横溝が交互にくるように1×2のテクスチャーブロック（グリルブロック）をならべ、壁にもようをつける

花プレートの上に1×1のラウンドプレートをかさねた花

1×2のハンドルバー付きプレートと1×1のサイドリング付きプレートを交互にならべる

ご近所さんたち、ペンキ塗りを楽しんでるなあ。

ミスマッチ・ハウス

ディテールがたっぷり盛りこまれたこのかわいい家は、大小さまざまな花に囲まれています。壁も窓もひとつひとつ組み立てかたが違うので、角度によって別の家のように見えます。

壁のパネル

パネルの裏側は、ふつうのブロックと側面ポッチ付きブロックでできています。そこに、表面をスロープでおおったプレートをはめこみます。

このすきまに、パネルがぴったりはまる

壁はポッチ2個分の厚みがあり、セクション（パネルなど）をはめこむことができる

建物の内側にカラフルな窓台がある

背面

カラーハウス

1×1と2×2のスロープで、壁の上の部分を組み立てる

正面から見るとクラシックな木造の家に見えますが、壁と屋根に組みこんだカラフルなスロープで、側面にははじけんばかりに色があふれています。

こちら側の壁のパネルには、カラフルな1×1のスロープがならんでいる

この面に使われている1×1のスロープは、すべて同じ黄褐色

スケール・ハウス（うろこの家）

うろこのような板ぶきの壁と、とがった牙のような飾りがずらりとならぶこの家は、高度に文明化したドラゴンのすみかのよう！ コーナー部分は、積みかさねた2×2の箱のパーツ、窓台には花が置かれています。

背面

板ぶきの壁

壁に組みこまれた1×2のバー付きプレートに、旗に似たタイルを連結させます。バー付きプレートは、ブロック2段ごとに配置されています。

歯プレートを横からはめる

壁はポッチ3個分の奥行きがあり、ななめになった壁板がおさまる

いちばん下の板が、ほかの板よりも前に突き出るようにする

ファンタジー・ルーフ キット

いろいろなパーツを使って、着せかえのように交換できるカラフルでクリエイティブな屋根を作り、あなたのファンタジーワールドをさらに広げましょう。

一方の屋根に1×2のクリップ付きプレート、もう一方には1×2のバー付きプレートをつけ、真ん中で連結させる。

毛糸玉（けいとだま）の屋根

スロープ・ルーフ

ガタガタの屋根

ドーマー・ルーフ（窓付き屋根）

屋根をたくさん作ったのね。

キャンディー・ルーフ

この屋根は、ポッチ2個分の幅のプレートを階段状にならべ、表面に出ているポッチをすべて2×2のラウンドタイルでおおって作られている。

タイルの"屋根板（シングル）"は、いちばん上と下の段を除き、隣の板と高さをポッチ1個分ずらして配置されている。

シングル・ルーフ（板ぶき屋根）

だって、宿無し（ルーフレス）なんだもん！

わらぶき屋根

この屋根は、コーナー部分で合わさった2枚の壁のように組み立てる。大半がポッチ1個分の幅のプレートだが、両端のみ、ポッチ2個分の幅のプレートが使われている。

フェンスと小道

キューブハウスが立ちならぶ村を出発したアリス。行く手には、ファンタジーランドが広がっています。どの道を通ろうかしら？道はどこへ続いているのかしら？ アリスの目の前には——そしてあなたの目の前にも——たくさんの選択肢が待っています！

この花は、アイスクリーム（3スクープ）のパーツ！

土の小道

どこにでもありそうなこの小道は、いろいろな種類の土でできています。でこぼこしたログブロックでうねうねと曲がった壁を組み立て、それをパタンと寝かせます。

端の部分に側面ポッチ付きブロックを組みこんで、道ばたに花や植物を植えよう。

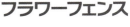

1×2と1×4のログブロックをジグザグに積みかさねると、カーブした形になる

いろいろな色の部分をランダムにおりまぜて、自然な土のまだらもようを作る

フラワーフェンス

てっぺんに花をあしらって、フェンスや壁をより魅力的にしましょう。花が何かに似ていても、ファンタジーランドならだいじょうぶ！

この部分にプレートを2枚かさねて、ヒンジプレートをかくしながら固定する

小道の大きな石は2×2のラウンドタイル

キャンディーの石だたみ

ファンタジーランドでは、大きな石も小さな石も、まるでキャンディーボタンのようにカラフルです。ヒンジでつなげれば、曲がりくねった道をさらに大きく蛇行させることができます。

ラウンドコーナープレートや傾斜付きプレートを使って、道の形を作る

テクスチャーブロック（グリルブロック）やレンガのもよう付きブロック、ログブロック、側面ポッチ付きブロックにはめたタイルで、石の質感を出す

プレートを階段状にかさねた傾斜路

曲がり目に、見えないようにヒンジプレートを組みこんでおくと、道を動かせる。

ピケ（とがった杭）のフェンス

ヒンジプレートを使った、自在に曲げられるフェンスです。まっすぐ一直線にしたり、建物をぐるりと囲む形にしたり、曲線でスペースを仕切ることもできます。

- 緑色のナイフのパーツが、大きな草やミニチュアの木になる
- 手前と向こう側にあるヒンジプレートの角度を変えると、くねくねと蛇行する

リンクフェンス

シンプルだけどすてきなこのフェンスは、各"リンク"がたった3つのパーツでできています。ポッチ1個で連結しているので、好きな形に曲げることができます。

- 1個、または2個かさねたヘッドライトブロックが、フェンスの支柱にちょうどいい。
- 各リンクが、両隣のリンクをつなぎ合わせる
- バランスのため、端のリンクは低い段にする
- 一列にならべたホイールアーチ付きブロックは、花壇のアーチ型フェンスに似ている
- この小さな木の枝は、中心にある1×1の4方向ポッチ付きブロックに連結させた1×1のスロープ。
- 先端は1×1のコーン
- 幹は茶色い1×1のコーン

橋

これは、現実の世界とファンタジーランドの境目にある橋です。色や質感が、半分は現実的に、もう半分はファンタスティックな感じになっています！

- わたし、そっち側のほうが好きかも。
- ほんと？ ぼくは、落ち着いたトーンにあこがれるなぁ～。
- 表面のポッチをタイルでかくす
- アーチ型のパーツで支える

滝

長い川を組み立てるのは、ずいぶん時間のかかる作業に思えるかもしれません。でも、小さいセクションに分けて少しずつ組み立てれば、川全体を作りあげることができます。勢いよく流れ落ちるこの滝は、これだけでもひとつのモデルですが、ゆるやかに流れるファンタジーリバー（次のページ）の上流部分でもあります！

ここからスタート

2枚の傾斜付きプレートの平らな面を合わせ、ななめに傾いた形のベースを作る

1 川のベース

川のモデルの土台となる平らなベースを作ります。傾斜付きプレートを使って、自然なカーブをつけましょう。同じようなベースを数枚つなげるところから、川作りが始まります。

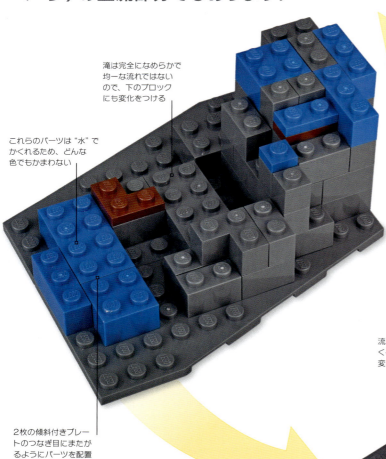

滝は完全になめらかで均一な流れではないので、下のブロックにも変化をつける

これらのパーツは"水"でかくれるため、どんな色でもかまわない

2枚の傾斜付きプレートのつなぎ目にまたがるようにパーツを配置し、プレートをつなぎ合わせる

2 岩だらけの斜面

ブロックとプレートを使い、ベースをつなぎ合わせながら川底を組み立てていきます。この川の上流は滝なので、一方の端を高く積みあげます。

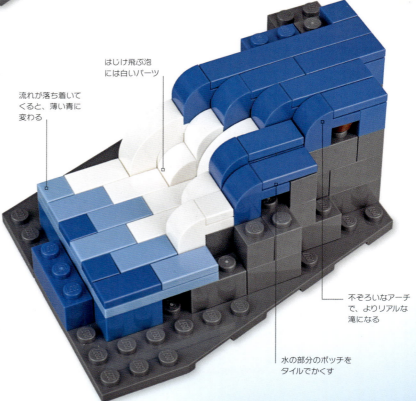

はじけ飛ぶ泡には白いパーツ

流れが落ち着いてくると、薄い青に変わる

不ぞろいなアーチで、よりリアルな滝になる

水の部分のポッチをタイルでかくす

3 流れ落ちる水

勢いよく流れ落ちる水は、曲面ハーフアーチを階段状にかさねて作ります。上のほうのゆるやかな流れには青、はじけ飛ぶ急流には白のパーツを使いましょう。

137

4 堤防

グレーのスロープとブロックで滝のまわりの岩場を、ログブロックで硬い土の堤防を作ります。岩のごつごつした感じや地面のでこぼこ感を出すため、ポッチはむきだしのままにします。

曲面ハーフアーチ

ブロック、プレート、タイル、曲面ハーフアーチそれぞれのラインを生かし、波打つ滝の水を組み立てる。

プレート1×4

このヒンジプレートは、川のセクションや堤防をつなげるのに使う

茶色のログブロックは、川の側面をかくす役目もはたす

わたしの水着はどこかしら？

5 流れのままに

滝ができたら、川のセクションをもっと組み立てて、ファンタジーリバーをどこまでも広げていくことができます。次のページで紹介している、レゴブロックを"水"に変えるおもしろいアイデアを参考にしながら、いろいろな組み立てかたにトライしましょう。

2つの川のセクションのつなぎ目にまたがるように、堤防のブロックを配置する

この水の作りかたは、次のページを見てね。

1×2のプレートで、堤防に組みこんだヒンジプレートをかくす

ヒンジプレートを使えば、モデルの各セクションをつなぎ合わせ、川の流れを調整して大きく蛇行させることもできる。

ファンタジーリバー

レゴブロックで水を組み立てる方法はたくさんあります。それにファンタジーランドでは、同じ1本の川にいくらでも違う表情を与えることができます。次々に様相を変えるこの川にも、何種類かの組み立てかたが使われています。ほかにどんな方法が思いつきますか？

次は何を作る？

ファンタジーリバーの各セクションは、前ページの滝のモデルと同様、傾斜付きプレートのベースからスタートする。そのあとさまざまなパーツを加え、表情のことなる流れを作りあげていく。

流れに沿って

このふしぎな川は、静かな流れから急流まで、流れに沿ってさまざまに様相を変えます。組み立てのスタイルが変わるポイントでは、1枚のヒンジプレートがセクションとセクションをつないでいます。

ぼくは入らないよ。メイクが落ちちゃう。

何列にもならべた1×1のスロープで、短く鋭い波ができる

曲面スロープが、激しく波打つ水になる

水の壁

透明な青のブロックを壁のように組み立てて堤防のあいだにはめこむと、ガラスのような澄みきった水に見えます。

フラワー・ギャラリー

ここにも花、あそこにも花……この森には、おもしろいふしぎな花がいっぱい咲いています！　変わった形のパーツを意外な方法で組み合わせて、あなただけの風変りなファンタジー・フラワーを組み立てましょう。

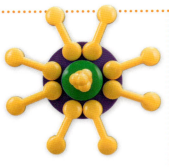
テレフォン・フラワー

ボウル・フラワー

パワー・フラワー

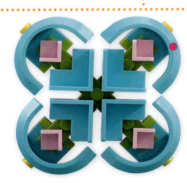
コーナー・フラワー

ホイールアーチ付きプレート

コーナー・フラワーの丸い花びらは、2×2のホイールアーチ付きプレートを横方向に連結したもの。

リング・フラワー

スイレンのような浮葉(うきは)

花のくき

ラウンドプレート 4×4

花のベースになっているプレートの縁(へり)にあるポッチに、長旗の花びらをつける。

おひさまの花

人食い花

チェアー・フラワー

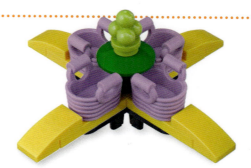
毛糸かごの花

マジック・フラワー

ヘアブラシ・フラワー

蔓の花

小さな花畑

ディッシュ・フラワー

ボウルのくき

ヘビのくき

サーフボードのくき

空想の世界の生き物

ファンタジーの森を歩いていたアリスは、巨大な蝶や、声を震わせてさえずる小さな小さなドラゴンなど、さまざまな生き物に出会います。あなたのファンタジーの森では、ほかにどんなふしぎな生き物を目にすることができるでしょうか？

ジャイアント・バタフライ

この巨大な蝶を見たとき、アリスは思わず目をうたがいました！ 実際よりも大きなこの蝶は、ミニフィギュアから見ればとんでもなく巨大です。アーチやスロープで蝶の羽らしい形を作り、ブロックとプレートでユニークなもようをつけましょう。

触角はアンテナのパーツ

思いどおりの色で蝶を作ろう。あざやかなほどいい！

1×2のプレート1枚で逆スロープ2個をつなぎ合わせる

ハーフアーチを使い、縁にくぼみを作る

羽の垂直バー付きブロックに、体に組みこんだクリップをはめる

クリップ＆バー・ヒンジで羽に突起をつける

羽に穴あきブロックを組みこみ、そこに1×1のラウンドブロックのポッチをはめると、立体的でカラフルなディテールになる。

蝶の体

体の部分はおもに1×2のプレートとブロックで組み立て、組みこんだ1×1のクリップ付きプレートと羽についているハンドルバーを連結させます。体の前後に小さなアングルプレートをつけ、そのポッチに上から曲面スロープを連結させます。

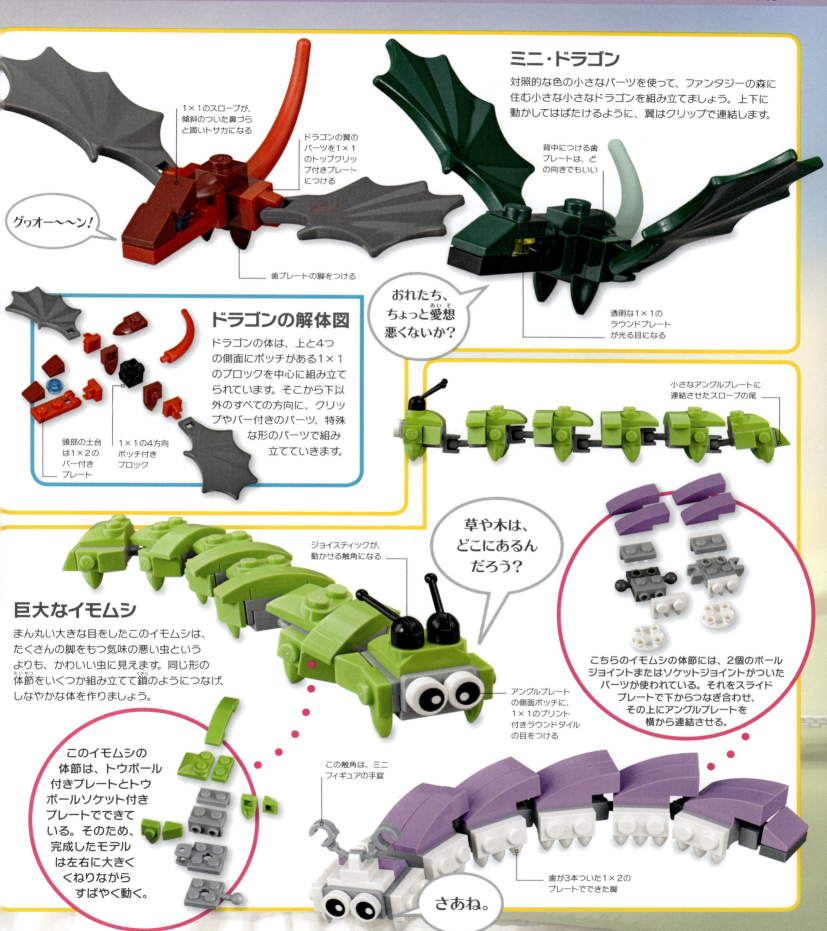

144 ファンタジーランド ＞ 自然や生き物 ＞ 大作モデル

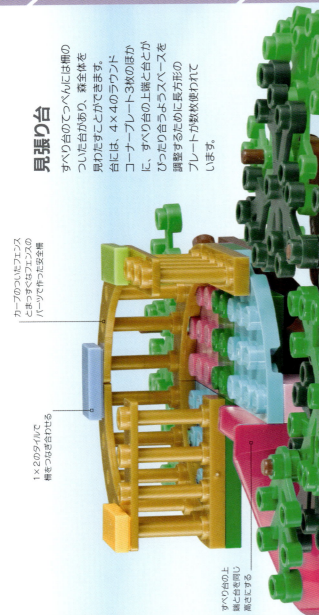

見張り台

すべり台のてっぺんには柵のついた台があり、森全体を見わたすことができます。台には、4×4のラウンドコーナープレート3枚のほか、すべり台の上端と台とがぴったり合うようスペースを調整するために長方形のプレートが数枚使われています。

カーブのついたフェンスとまっすぐなフェンスのパーツで作った安全柵

1×2のタイルで柵をつなぎ合わせる

すべり台の上端と台と同じ高さにする

細い枝先は1×1のコーン

葉は、木のまわり全体にまんべんなく広げてもいいし、枝に密集させてもいい

さまざまな色の葉を混ぜて、リアルな色合いにする

木のすべり台

ファンタジーの森の木にどんな楽しいものを加えられるか、想像してみましょう。妖精の家やドラゴンの巣は？ それとも、森でいちばん高い木にふしぎなすべり台をつけて、くるくるらせんを描きながらスピーディーにすべり下りるのはどうでしょう？

枝の組み立て

角度のついたレゴ®テクニックコネクターを短い十字軸でつなぎ合わせると、本物の木の枝のように、あらゆる方向に枝を伸ばすことができます。葉っぱのパーツはバーに固定し、レゴ®テクニックピンの上のあいた穴にさしこんでみます。

レゴ®テクニックピンを使い、コネクターの穴にバーをさしこむ

穴あきブロックで枝を幹に固定する

木に登って……また下りる

このような木を作るにはレゴ®のパーツがたくさん必要ですが、ファンタジーの森なら、色をそろえる必要はありません！ レゴ®ブレンズのセットに入っているすべり台のパーツをアーチで支えてくれ、幹のまわりにらせん状に配置し、上から下までスムーズにすべり下りられるようにつなぎ合わせます。

各すべり台のパーツの端と端がぴったりつながる

1×1のコーンに小さなレーダーアンテナを乗せた毒キノコ

幹の断面

なめらかな円形の幹は、大きな2×4のハーフシリンダーと、あいだにはさんだ何段かの2×2ブロックでできています。各ブロックの段から枝を伸ばしたように広がるハーフアーチで、すべり台のパーツを支えます。

ラウンドプレートとタイルで、地面に石のデコレーションをする

高さのあるモデルには、大きな基礎板を使うとバランスがとれる

うわぁーーい!!

| 146 | ファンタジーランド | 自然や生き物 | 大作モデル |

カーブした柵のパーツ2個で半円に、もしくは1個で四分円にする

ツリーハウス

ファンタジーの森の中の大きな大きな木に、とびきりすてきなツリーハウスがあります。木の中心に建てられたそのツリーハウスは、地上にドアがあり、そこから幹のてっぺんまでいくつもの部屋が続いています。

森の中の家

茶色のブロックとアーチを使い、ツリーハウスを建てるための頑丈な幹を組み立てます。空洞スペースにある床は下から支え、モデルが崩れないように、プレートを何枚もかみあわせてパーツをしっかり固定します。家具、柵のついたテラス、植木鉢がならんだ階段など、装飾的なディテールも加えましょう。

すべり台につながる出入り口

サルも木からすべり下りる。

リビングルーム

幹のいちばん下の部分には、ソファーや本棚、引き出し、シンクが置かれた居心地のいい部屋があります。チェックもようの床には、タイルと2×2のジャンパープレートが使われ、ポッチのあるところにはミニフィギュアを立たせることができます。

モジュラーツリー

この木は3つのセクションからなり、セクションごとに別々に組み立てられています。各セクションのつなぎ目は、わずかなポッチを残してタイルがかぶせてあるため、切り離して遊んだり、移動させたりできます。

ブロックをジグザグにかさね、頑丈な幹を作る

レゴ®テクニックコネクター、1×1のコーン、葉っぱのパーツをピンやバーでつなげた枝

植木鉢はそれぞれ、1×2のブロックにかさねた1×2のジャンパープレートと連結している

両端に1個ずつポッチのある1×4のプレートでできた小さな階段が、バルコニーまで続く

逆アーチをずらしてならべると、リアルな根っこの形になる

ラウンドプレートとタイルでできた石だたみが、入口まで続く

分解図

お城の壁

ドシン！ いまアリスがぶつかったのは、いったいなんでしょう？ なんと、巨大なお城の壁です！ ファンタジーランドのお城づくりは、まずカラフルな壁から始めましょう。壁の両側にコネクターをつけておくと、同じ形の壁とつなげることができます。

ここからスタート

- プレートで上下のブロックを固定する
- 曲面ブロックが、ポッチのないなめらかな足になる

1 りっぱな土台

どうすれば頑丈な壁ができるでしょう？ まず、ポッチ2個分の幅のブロックでしっかりした土台を組み立て……さらに、たおれないように"足"をつけましょう！ プレートをかさねると、すてきなストライプもようができます。

2 ポッチとタイル

ポッチ1個分の幅のブロックで壁を組み立てます。そのさい、側面ポッチ付きブロックを組みこみます。ポッチをすべて同じ方向に向けておくと、壁の裏側は平らになり、表面には飾りをつけることができます。ポッチにカラフルなタイルをはめ、ジグザグもようをつけましょう。

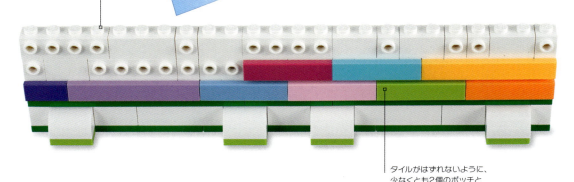

- 1×1、1×2、または1×4の側面ポッチ付きブロックを使う
- タイルがはずれないように、少なくとも2個のポッチと連結させる

3 支柱とモジュラー連結部

壁の裏側に出ている"足"の上に1×2のブロックを柱状に積みかさね、てっぺんに逆スロープをつけます。次に、壁の両端にも1×1のブロックで同じように柱を組み立てます。そのさい、一方の端にクリップ付きプレート、もう一方の端にハンドルバー付きブロックを組みこんでおきます。

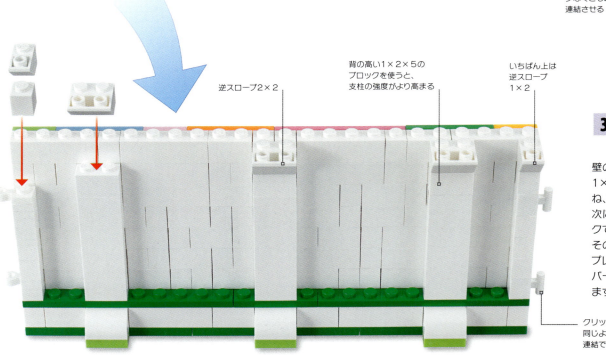

- 背の高い1×2×5のブロックを使うと、支柱の強度がより高まる
- 逆スロープ2×2
- いちばん上は逆スロープ1×2
- クリップとハンドルバーは、同じような壁をならべたときに連結できるように配置する

4 壁の上の通路

壁の上端にプレートをならべ、ブロックと支柱の逆スロープをつなぎ合わせます。その上にポッチ4個分の幅のプレートをならべて、幅の広い通路を作ります。

ポッチ1個分の幅のプレートを加えると、幅の広い平らなベースができる

通路の幅は、壁の端からポッチ1個分はみ出す

城の防備は、しっかり固めたほうがいいぞ！

通路にはタイルを敷いてもいいが、ポッチがあればミニフィギュアを立たせられる

もっとリアルな石壁にするなら、このようなカラフルなタイルのかわりにグレーのタイルを使おう。色合いのことなるグレーを使えば、さまざまな種類の石が混じった壁になる。

このポッチが、本物の胸壁の石のように見える

5 胸壁

最後の仕上げとして、通路の端に沿ってポッチ1個分の幅のブロックをならべ、低い胸壁を築きます。これでお城の見張り番が通路から転落する心配はなくなり——敵に攻撃されたときに身をかくす場所もできました！

いろいろなお城の壁

壁の両端にはクリップとハンドルバーがついているので、壁を何枚も作ってつなぎ合わせれば、どんな大きさの城郭（じょうかく）（お城の囲い）でも作れます。壁はおそろいにしてもいいし、ここにあるようにファンシーなデザインのものを組み合わせてもいいでしょう。

次は何を作る？

ここにある壁はすべて、前ページと同じ土台からスタート。そこから先の組み立てかたが違うだけ！

戸棚の壁

引き出し付きのたんすは知っていますね。では、引き出しがたくさんある壁は？　この壁は、ポッチ1個分の幅のブロックでできた柱と、実際に開くレゴ®の引き出しやキャビネットのパーツを交互にならべたものです。ここなら、宝物や余ったニンジンをしまっておくのにぴったり！

てっぺんに曲面スロープの胸壁をつける

壁全体を引き出しにしなくてもいい。何か所かすきまをあけておくと、奥行きが出て見た目もおもしろくなる

長い柱状のブロックを使うか、低いブロックをかさねる

この部分の厚さを2倍にして壁を補強する

2つのパーツでできたヒンジでシュートを固定する

背面

シュートの壁

壁についているすべり台に似たシュート（すべらせて落とす装置）で、お城の見張り番たちは、攻撃してくる敵に向かって石を転がしたり……かわいいペットに餌（えさ）を与えたりできます。プレートに小さな壁パネルをかさねてシュートを組み立て、ヒンジで角度をつけます。

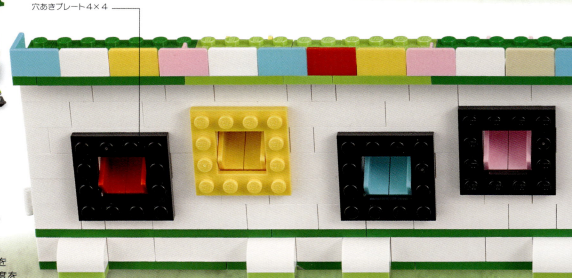

穴あきプレート4×4

アーチの壁

白いブロックの壁を土台よりもポッチ1個分奥に組み立て、手前のスペースに曲面ハーフアーチで格子もようをつけます。てっぺんの胸壁は、同じような形で小さめの曲面ハーフアーチをならべて作ります。

アーチは同色でそろえるか、いろいろな色を組み合わせる

このアーチ型のもようは、曲面ハーフアーチ2個を1×2のプレートでつなげ、そこにさらに2個の曲面ハーフアーチの足をかさねて作る。

1×1の花プレートの装飾

1×1のラウンドプレートまたは四角いプレートを使って、アーチを壁の端で連結する

曲面ハーフアーチを1×2のタイルで連結した、銃眼付きの胸壁

ひとつひとつの"でっぱり"は、1枚のプレートでつなぎ合わせた2個の曲面スロープ。

長さのことなる曲面スロープを使い、長い"でっぱり"と短い"でっぱり"を作る

編んだ壁

曲面スロープを使って丸みのあるストライプもようをつけた壁です。横方向に組みこまれたプレートにスロープをずらして連結させ、わらで編んだかごのような質感を出しています。

お城の壁（続き）

1枚目の壁の後ろに、色とりどりのブロックで2枚目の壁を組み立てる。両方の壁をしっかり固定すること！

窓わくの壁

さまざまな大きさや形の白い窓わくの奥にカラフルなブロックを配置したこの壁は、まるでピエト・モンドリアンの絵のようです。格子の胸壁がついたなめらかな通路が、クラシックでカラフルなスタイルをいっそうきわだたせます。

窓わくと窓わくのあいだを白いブロックでうめる

窓わくは正方形でも、横長や縦長の長方形でもいい

側面ポッチ付きブロックを横一列にならべた段に、上と下にずらしてタイルをはめてもようを作る。

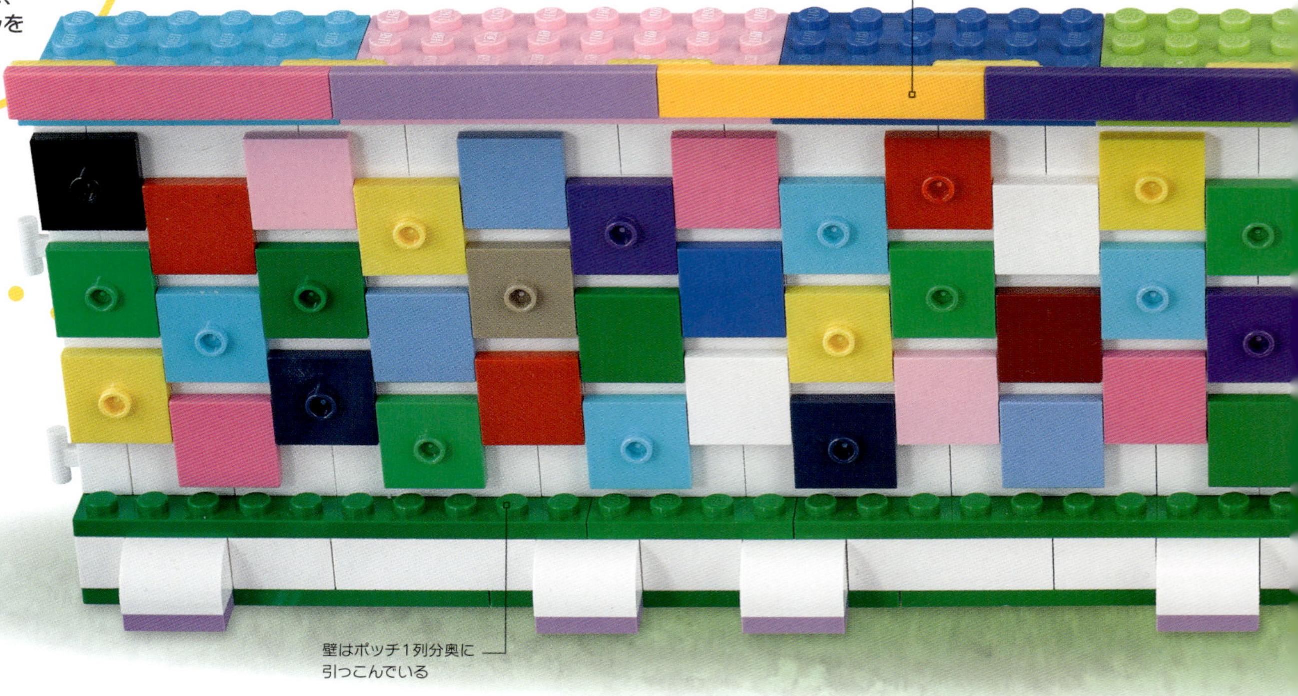

1×2の逆アングルプレート（逆ブラケット）に長いタイルをはめ、胸壁を作る

タイルの壁

壁に組みこんだ側面ポッチ付きブロックに2×2の正方形のタイルをはめて、タイルもようの壁を作りましょう。中央にポッチのついたジャンパープレートをところどころに散りばめ、さらにバラエティと質感を加えます。

壁はポッチ1列分奥に引っこんでいる

鉢を連結するには、壁にポッチ1個分のすきまをあけてプレートを組みこみ、そのすきまに鉢の穴をはめこむ。

「パスワードは、なぁに？」

1×1の側面ポッチ付きブロックにタイルをはめた胸壁

「パス！」

鉢がなければ、逆スロープを台に小さな壁パネルとコーナーパネルで四角い箱を組み立てよう

植木鉢の壁

お城の壁を植木鉢で飾る、斬新なアイデアです！小さなアクセサリを入れられるように、間隔をあけて鉢をならべます。中には花を入れてもいいし、別々の何かを入れてもいいでしょう。

壁パネルの上にアーチがかかる

短い逆スロープ

長いスロープ

パネルの壁

この壁のデザインには、窓のあいたレゴ®のお城用壁パネルが使われています。パネルとパネルのあいだには、スロープで支柱を組み立てます。下には長いスロープ、上には短い逆スロープを使った支柱で、モデルの安定感を高めるとともに上の通路を支えます。

お城の塔

さて、お城づくりの次のステップは、アリスが下から見上げられるような、高くそびえる塔の組み立てです。大きな壁パネルを丸くならべて筒形を作り、傾斜付きプレートとヒンジを使い、円すい形の屋根を組み立てましょう。

ここからスタート

かくれて見えなくなるので、これらのパーツは同じ色でなくてもいい

1 "A"をください

この塔を組み立てるうえで重要なパーツが、A字型のプレート。まず、このプレートを8枚ならべて車輪のような形を作ります。次に2×3のプレート8枚でA字型プレートをつなぎ合わせると、塔を組み立てるための丈夫な土台ができます。

2 壁と丸い飾り

車輪のそれぞれの"スポーク"（車輪を支える、放射状にのびる細い棒の部分）に壁パネルを1枚ずつ（合計8枚）乗せ、下があきすぎないように、パネルの下端に1×1の花プレートをつけます。次に、パネルの上端に1×1のラウンドブロックを取りつけます。

ラウンドブロック1×1

花プレート1×1

4 とんがり屋根

円すい形の屋根を組み立てるには、同じ形で向きが逆の3×8の傾斜付きプレートを、右向きと左向きそれぞれ8枚ずつ用意します。左右のペアを2×4のプレートで下からつないで6×8のウェッジ型（くさび形）の屋根板を4枚作り、ヒンジを使って、壁パネルに1つおきに連結させます。次に、同様にヒンジを使い、あいたスペースに4×9のウェッジプレートをはめていきます。

3 塔のサンドイッチ

8枚のA字型プレートを上にもならべ、組み立てた壁をしっかり固定します。ちょうど壁パネルを上下からはさんだサンドイッチのようになります。2×4のプレート8枚でA字型プレートを連結すると、丈夫ですてきな塔のベースができあがります。

2×4のプレートとヒンジで、傾斜付きプレートを下からつなぎ合わせる

| 156 | ファンタジーランド | お城 | ほかに何が作れる？ |

ファンシーな塔

お城には、ほかにも多種多様なデザインの塔が立っています。丸い塔、四角い塔、窓やアーチ、ドアのある塔——それに、ボートでできた塔まで。クリップとハンドルバーを組みこんで、塔の壁にいろいろなものを取りつけましょう。

次は何を作る？

このタイプの塔の組み立てかたがわかったら、こんどは工夫にとんださまざまな組み立てかたを見ていこう。

ボートの塔

六角形の塔

ボートの塔

レゴ®のボートの内側をきれいなブロックのモザイクで飾れば、ゴシック様式の尖頭アーチがついた壮麗な塔ができます。アーチのほかにも、ラウンドブロックで作った飾り柱や円すい形の塔などの装飾が含まれます。

2つの大きなハーフコーンに、4×4と2×2のコーンをかさねる

マカロニブロックを、ボートの内側のポッチに連結させる

ボートの形に合わせてアーチを組み立てる

アーチ

ボートの底に4×6のプレートをはめ、そのプレートをアーチのかかった壁の奥に組みこまれた側面ポッチ付きブロックに連結させます。

六角形の塔

この繊細な金色のホイールがなければ、レーダーアンテナを使ってもいい

この塔は、3つの突起をもつプロペラのような形のプレートを土台に組み立てられています。6つある側面のそれぞれに、ドアと丸みのある日よけ、きれいな装飾がついています。

157

マカロニの塔

マカロニの塔

大きなマカロニブロックを2色以上使って、らせんもようのついた灯台のような丸い塔を作りましょう。内側に積みあげたブロックで、空洞になった構造を補強します。

カーブのついたフェンスのパーツで作った丸い柵

てっぺんと底は八角形のプレート

水色のハーフアーチ2個で尖頭アーチになる

おとぎ話の塔

おとぎ話の塔

おとぎ話の本に出てくるようなこの塔は、窓のまわりにアーチ型のフレームがあり、てっぺんには壁のない小塔が立っています。4つの側面は、組み立て方法は同じでも、ブロックの種類や色の組み合わせがそれぞれ違います。

背の高い1×1×5のブロックが、コーナー部分の頑丈な柱になる

要塞の塔

この部分を長くして、壁と壁のあいだのすきまをうめる

ヒンジブロックのおかげで、好きなだけ壁を増やせる

てっぺんの張り出した部分を逆スロープが支える

1×1のサイドリング付きプレートをならべた窓台

要塞の塔

ファンシーな色をのぞけば、この六角形の塔は中世の君主が築いた石の要塞の一部のようです。壁どうしはヒンジブロックで連結され、白いブロックのふちどりは、"隅石"と呼ばれるレンガ細工に似ています。

角度のついたデザインは、ほとんどがスロープで作られる

お城の見どころ

塔やカタパルト（石などを飛ばす装置）のほかに、ファンタジーのお城にどんな見どころを加えますか？王国を訪れる人々をあたたかく迎える壮大（そうだい）なアーチ型の門を建て……お城の中庭を、ぱっと目を引くアイスクリームの噴水（ふんすい）で飾りましょう！

小さなパーツでアーチを組み立ててもいいが、アーチ型のパーツ1個を使ったほうがモデルの強度は増し、より重いものを支えられる。

1×2の十字穴あきブロック

1×1のラウンドブロックに1×1の花プレートを乗せる

1×2のテクスチャーブロック（グリルブロック）の裏と表を使い、模様をつける

壁をはうツタは、側面ポッチ付きブロックに連結させた葉っぱのパーツ

丸石を敷いた地面にするには、グレーのプレートの上に、グレーや茶色のラウンドプレートとラウンドタイルを散りばめる

スロープで、城門の壁に幅広い頑丈な土台ができる

159

スロープを使い、てっぺんに近い部分に角度をつける

壁パネル1×2

レール付きプレート

側面

城門の側面にクリップとハンドルバーをつけておくと、お城の壁や塔と連結できる。全部つなぎ合わせた完成図は、162-164ページを見てね。

門楼
もんろう

門楼は、味方が高い城壁の中へ入る通り道です。馬に乗った人や荷馬車も通れるように、高さも幅もある門を作りましょう。平らな面がにぎやかになるように、おもしろい特徴を与え、地面にも土や石などのディテールを加えます。

毎日がチョコレート・ファウンテン（噴水）の日だといいな。

水にはブルーのパーツを使う。カラフルなパーツを加えて、いろいろなフレーバーのアイスクリームの噴水にしてもいい

ベースは4×4の曲面プレート

十字軸の底を2×2のラウンドブロックにさし、それを噴水の土台にはめる

アイスクリームの噴水

てっぺんのアイスクリームの部分は、6×6のプレートに4個のクォータードーム（ドームを4つに切った形のブロック）を乗せて作ります。それを、2×2のラウンドブロック2個とプレート1枚をかさねて長いレゴ®テクニック十字軸に通したもので支えます。その部分は、コーンがわりの黄褐色のドリルの中にかくれます。

この噴水がアイスクリームの形なのは偶然ではない。お祭りの日には、水のかわりにアイスクリームが流れる！

噴水
ふんすい

華麗でエレガントなデザインでも、楽しくおもしろいデザインでも、噴水があるとファンタジーのお城の中庭や広場がぐんと明るくなります。噴水の作りかたはいくらでもあります。まず、ベースとなる水で満たされた壁を組み立て、それから中心の高い噴水口を加えましょう。

大きなマカロニブロックで作った曲線的な壁

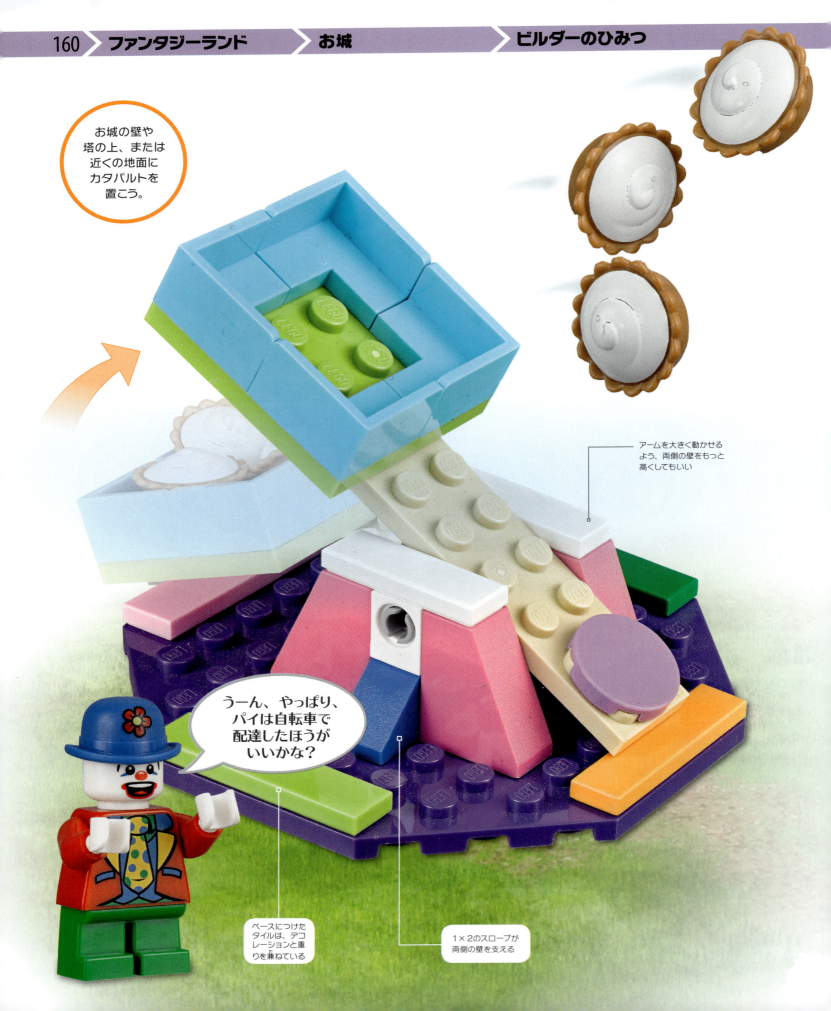

クリームパイ・カタパルト

おかしなファンタジーランドでは、どうやってお城を守ると思いますか？ クリームたっぷりのパイをカタパルトで投げつけるんです！ 丈夫な台座と大きくスイングするアームを組み合わせれば、実際に動かせるレゴ®のカタパルトが作れます。組み立てかたは、こちら！

1 台座とピボット（回転）プレート

まず、幅の広い安定したベースを作ります。次に、真ん中に穴のあいた2枚の側壁（そくへき）を組み立てます。スムーズに回転するレゴ®テクニックピンを2×2のプレートの下にあるリングに通し、ピンの両端を左右の壁の穴にカチッとはめます。次に、そのプレートをあいだにはさんだ2枚の壁をベースに固定します。

2 アームとバケット

長いプレートを用意し、一方の端にパイを入れるバケット（箱）を組み立て、もう一方の端の押し下げる部分には、なめらかなタイルをはめます。

3 構（かま）え……ねらえ……発射（はっしゃ）！

最後に、側壁のあいだのピボットプレートにアームを取りつけ、アームの端のタイルを押し下げてパイを飛ばします。アームとプレートの連結位置を変えて、パイの飛びぐあいをテストしましょう。アームを長くするとパイは遠くまで飛びますが、長すぎると発射しにくくなります。ちょうどいいバランスが見つかるまで、いろいろためしてみましょう！

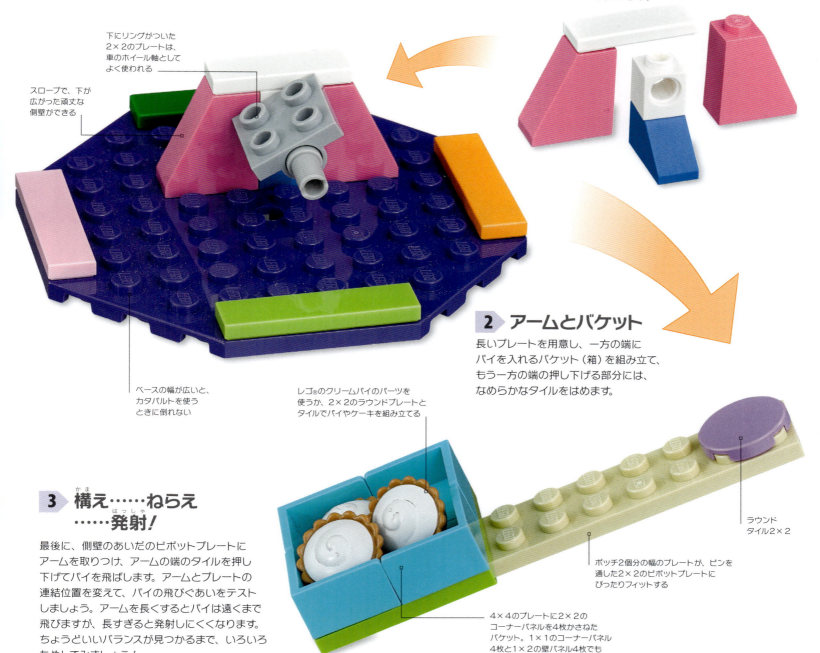

- 下にリングがついた2×2のプレートは、車のホイール軸としてよく使われる
- スロープで、下が広がった頑丈な側壁ができる
- ベースの幅が広いと、カタパルトを使うときに倒れない
- レゴ®のクリームパイのパーツを使うか、2×2のラウンドプレートとタイルでパイやケーキを組み立てる
- ラウンドタイル2×2
- ポッチ2個分の幅のプレートが、ピンを通した2×2のピボットプレートにぴったりフィットする
- 4×4のプレートに2×2のコーナーパネルを4枚かさねたバケット。1×1のコーナーパネル4枚と1×2の壁パネル4枚でも同じ形ができる

162 　ファンタジーランド　　お城　　大作モデル

お城の完成

アリスは、完成したお城をじっと見つめます。虹のようにカラフルな色、ありとあらゆる形——同じところは2つとありません。こんなすごいお城、見たことがない！　アリスは大きく息を吸って、さっそく門をくぐって中へ入っていきます。アリスのイマジネーションは、そこにどんなふしぎな世界を見いだすのでしょうか？

王国らしいデコレーションとして、いろいろな色の旗を立てよう

パイ投げの時間だよ〜。

毛にクリームがつくと、やっかいなんだ。

墓へ逃げよう！

セクションを切り離して、好きなように入れかえよう！

モジュラーキャッスル

壁、塔、そして門楼ができました。次はそれを全部つなげてお城を作りましょう！　各セクションにクリップ＆バー連結用のパーツを組みこんでおいたおかげで、壁を丸い形や四角い形、星形にだってならべることができます！　中央に噴水を置いて、カタパルトのほか、お城にありそうなものをなんでも作って加えましょう。

ファンタジーランドは、いつもカラフルでにぎやかです。

夢に
向かって
まっしぐら！

ここは
年がら年じゅう
サーカスだな。

ほら、パイを
あげるから！

リアルワールド

惑星ボルガのスペースコロニー（「アウタースペース」の章参照）で研究を進める宇宙飛行士デックマは、いつものように調査旅行にでかけます。すべてが"巨大"な未知の次元に吸いこまれていまいした。デックマはまわりにある巨大な"人工物"について情報を集めることにしました。救助隊を待つあいだ、大きく組み立てているものひとつひとつについて未知の人間界を探索し、彼といっしょに未知のコツを教えてあげましょう！

携帯電話

ふしぎな世界にそびえたつあの黒い物体は、巨大な一枚岩? いいえ、それはレゴ®のパーツで作った実物大の携帯電話です! プレートとタイルを使って、遊んだり飾ったりできるリアルな携帯電話を組み立てましょう。

ここからスタート

小さなプレートをつなぎ合わせてもいい。上にかさねるパーツでプレートどうしをしっかり固定すること!

1 ブロックで作るテクノロジー

平らな直方形のデバイスの組み立ては、平らな直方形のベースからスタートします。なめらかな黒い携帯電話のベースには、6×12のプレートがぴったりです。

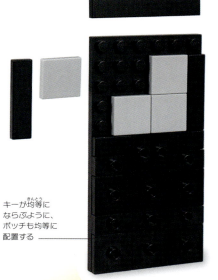

キーが均等にならぶように、ポッチも均等に配置する

2 あくまでも薄く

平らな部分にタイルをはめ、薄くなめらかに仕上げましょう。キーなどのでっぱったディテールは、ポッチ1個のジャンパープレートで連結させます。

4×4の四角いグレーのタイルが画面になる

2×2のプリントタイルがスピーカーにちょうどいい。1×2のグリルを2個使ってもいい

これがポケットサイズ?

横に丸い穴があいた2×2のプレートに1×1のラウンドブロックをはめる

3 ディテールを加える

次に、携帯電話だとわかるように、キーやスピーカー、応答/終話ボタンなどのディテールを加えていきます。少し古いスタイルにしたければ、上にアンテナをつけましょう。

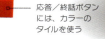

キーには1×1の丸または四角のタイルを使う

応答/終話ボタンには、カラーのタイルを使う

4 ビーッ、ビーッ、着信あり

これで新しい携帯電話ができました! 出かけるときに、うっかり本物とまちがえないように気をつけましょう。ブロック製の電話では、遠距離通話はできません!

テクノロジー

携帯電話と同じビルディングテクニックを使って作れるデバイスには、ほかにどんなものがあるでしょう？ 計算機や、想像上のお気に入りの曲をたくさん保存して聴ける MP3プレーヤーも組み立てることができます。

MP3プレーヤー

アイコンには、プリント付きまたはシールをはったタイルを使う

2×2のプレートにはめた2×2のラウンドタイル

MP3プレーヤー

だいじなのは、モデルがそれらしく見えるように、ポイントとなるディテールを加えること。画面上のアイコンと丸い輪をつければ、一気にオーディオプレーヤーらしくなります！

次は何を作る？

スタートは携帯電話と同じようなプレートのベースでも、ディテールを変えることで違うデバイスができあがる。

この1×3のタイルは、2×2のジャンパープレート2枚にまたがっている

2×2のジャンパープレートに1×2のタイルをはめる

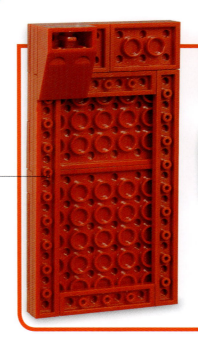

もう1枚かさねたプレートで6×6のプレート2枚をつなぎ合わせ、6×12の形にする

計算機

レゴブロックバージョンを作る前に、本物の計算機を見てみましょう。傾斜のついた裏面といい、ボタンの配列といい、このモデルは本物顔負けです。

逆スロープの底面

2×3のポッチがついた表面

裏面の傾斜

計算機の裏面に逆スロープを1列ならべると、置いたときに角度がつきます。

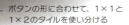
ボタンの形に合わせて、1×1と1×2のタイルを使い分ける

ステーショナリー

のっぺりしただだっ広い平面に、人間が使う奇妙な道具がたくさん置かれているぞ。どうやら、この平面は巨大な机で、筆記用具のほかに、絵や工作に使う道具がいっぱい散らばっているらしい！ ステーショナリー（文房具）など身近なアイテムからヒントを得て、ありふれたパーツから驚くような作品を生み出しましょう。

えんぴつけずりの刃は、1×2のジャンパープレート

この消しゴムは、たった3個のパーツでできている。1×4のブロックが1個と1×2のタイルが2枚

えんぴつけずりと消しゴム

ほんのひとにぎりのパーツでもステーショナリーが作れます。ディテールやバランスがわかるように、本物と見くらべながら組み立てましょう。

てっぺんに1×4のタイルをはめてポッチをかくす

定規

プレートを積みかさねて定規を作りましょう。本体には白、目盛りには黒のプレートを使います。このモデルの幅はポッチ4個分、高さはプレート62枚分！

ふたのアーチと箱側の低くなった部分のあいだにすきまができ、指で開けることができる

1×4のヒンジを3つならべ、開くふたを支える

うーん、自分はもっと背が高いと思ってた。

背面

側面ポッチに連結したグリルは、箱の裏にあるバーコードのつもり

クレヨンに巻いたおそろいの紙は、1×1の黄褐色のラウンドブロックと茶色のラウンドプレートをかさねて作る

チューブの端を丸いレゴ®テクニックコネクターピンにさしこむ

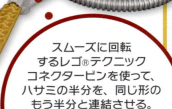

スムーズに回転するレゴ®テクニックコネクターピンを使って、ハサミの半分を、同じ形のもう半分と連結させる。

もようのついた刃は、レゴ®ニンジャゴー™セットに入っている

箱の壁面に、デコレーションとしてカラフルなパーツを組みこむ

クレヨン箱

この箱にはヒンジ付きのふたがついていて、後ろへパカッと開けると、中にクレヨンを入れることができます。何かの中にぴったりおさまるものを作るには少し練習が必要かもしれませんが、練習したかいのあるものができあがります！

ハサミ

このハサミは切れませんが、本物と同じように開いたり閉じたりします。柄の部分はまっすぐなレゴ®テクニックコネクターとフレキシブルなチューブ、刃の部分はレゴ®の刀で作ります。

172　リアルワールド　人間が使う道具　ビルダーのひみつ

ヒャッホー！

ぼくは無重力状態に慣れてるんだ！

丸い穴が3つあいた2×4のプレート

7 モデルの完成

計量皿の十字軸を押し下げると、コネクターとピンが押され、スケールの表面についている針が動きます。手を離すと、勢いよく針が戻ります！

重量が大きいほど、針が大きくふれる

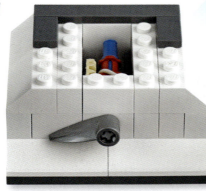

6 計量皿の取りつけ

計量皿に取りつけた穴あきプレートを、スケールの上に乗せます。そのとき、計量皿の十字軸がスケール内のコネクターとピンに当たるようにします。そのあと、スケールの上になめらかなタイルをはめます。

キッチンスケール

ブロックを使って、重さに実際に反応するスケール（はかり）を作りましょう。テック4は、いいことを発見しました。自分がレゴ®のミニフィギュアサイズになると、人間が使うキッチンスケールでトランポリンができるのです！

1 内部のしかけ

しかけが組みこまれたモデルを作る場合は、まずメカニズムの部品がどう連動するかを考えます。十字軸が回転すると、そこにはめたレゴ®テクニックのパーツもいっしょに回ります。

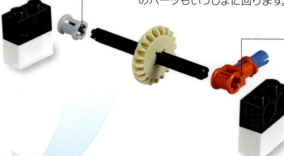

グリップ力の強いブッシュが、ギアを定位置に固定する

十字軸付きレゴ®テクニックピンを、十字穴のあいたコネクターにさす

2 メカニズムを組みこむ

メカニズムの構成部分を、この8×8のプレートのようなベースに連結させます。次に、十字軸がスムーズに回転するかどうか確認し、スケールの側面を組み立てます。

内側に1×2のタイルがあるため、ピンがベースのポッチに引っかからない

壁のすきまの横に、1×1のハンドル付きブロックを組みこむ。ここが重要！

穴あきブロックが、前面の壁のすきまにぴったりはまる

3 針をつける

スケールの針を作るには、まず短いレゴ®テクニック十字軸を丸い穴のあいた1×2のブロックに通します。次に、十字軸の一方の端に小さなハーフギアを、もう一方の端にレゴテクニックの歯のパーツをつけます。

5 計量皿の組み立て

大型のラウンドプレートの裏に2×2のラウンドブロックをはめます。次に、そのブロックの中心の穴に十字軸をさしこみ、軸のもう一方の端を穴あきタイルと穴あきプレートに通し、抜け落ちないように先端にハーフブッシュをさしこみます。

計量皿は大型のラウンドプレート

4 ゴムの弾力

スケールの計量皿を押したときにバネのような抵抗が得られるように、レゴ®のゴムバンドを用意し、中心でひねります。ゴムの一方の輪を、壁に組みこまれたハンドル付きブロックのハンドルに、もう一方の輪を中央の十字軸に連結させたレゴ®テクニックのコネクターとピンにひっかけます。

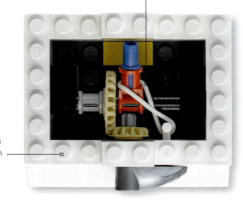

ゴムバンドがコネクターとピンを上に引っぱる

側面の壁に固定されているため、メインの軸が前後にずれることはない

バスルーム

テック4は、いつのまにか白いタイル張りの小さな部屋にいました。あたり一面、陶器の彫刻だらけです。洞窟のようなこの部屋は、もしかして巨人のバスルーム？ あなたの家の"人間用"バスルームに、ブロックで組み立てられそうなものはありますか？

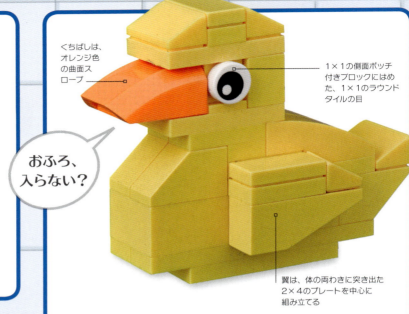

ゴムのアヒル

クワッ、クワッ！ 黄色いブロックを出してきて、実物大のゴムのアヒルを組み立てましょう。このバスタイムの人気者は、スロープとタイルを使って、ポッチのないなめらかな形に仕上げてあります。まず頭を組み立て、そのあと体の部分を下から積みあげていきます。

ひげそり用の鏡

角度が変えられるこの鏡にうつっているのは、誰？ 誰の顔にするかは自由です！ レゴ®のパーツを使ってモザイクスタイルのおもしろい顔を作りましょう。ブロックで自分の顔を組み立ててもいいでしょう。

鏡の角度を変える機能

鏡の側面にある支柱には、長い円柱が使われています。支柱と鏡のフレームの両方にあいた丸い穴にレゴ®テクニック コネクターピンをさしこむことで、鏡の角度を変えられます。

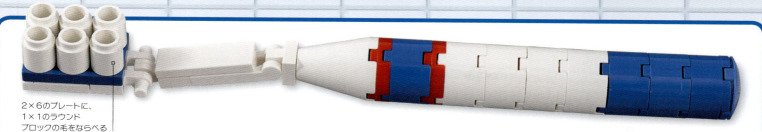

2×6のプレートに、1×1のラウンドブロックの毛をならべる

歯ブラシ

ふつうのレゴブロックでもシンプルな歯ブラシが作れますが、こちらはもうちょっとスタイリッシュです！ 2×2の丸いパーツで柄を、クリップ＆バー・ヒンジで角度のついたネック部分を組み立てます。

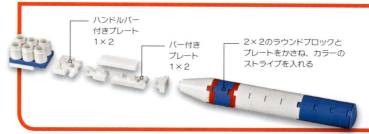

ハンドルバー付きプレート 1×2

バー付きプレート 1×2

2×2のラウンドブロックとプレートをかさね、カラーのストライプを入れる

フレキシブルなネック

歯ブラシのネック部分は、バー付きプレートとクリップ付きプレートをならべ、上にタイルをかぶせて作ります。それを柄についているクリップと、ヘッド部分についているハンドルバーと連結させます。

レゴ®テクニックのギアを回転させて入れ歯を開閉させる

入れ歯

シンクの上に、誰かが入れ歯を忘れていったみたい……それとも、これってペラペラしゃべりだす歯のオモチャ？ タイルと1×1のスロープを使い、口いっぱいにそろった輝く白い歯を作り、ギアを回転させて動かしましょう！

奥のギアの部分を除き、上の歯と下の歯は同じ構造

噛む機能

下あごの丸い穴のあいたパーツと、上あごの十字穴あきブロックに、レゴ®テクニック十字軸を通します。

くし

ポッチ1個分の幅のパーツを使って、くしの平らな柄を組み立てます。次に、レゴ®のアンテナをならべると、みごとな細長いくしの歯ができます！ もっとアンテナがあれば、同じ方法でヘアブラシを作ることもできます。

スロープとブロックを積みかさね、歯のまわりの柄の部分を組み立てる

長いプレートのポッチにアンテナをつける

1×6の逆曲面スロープで、くしの先端部分を固定する。

サイエンス・キット

たとえ超大型サイズでも、ここにはテック4が知っている道具や器材があります。この巨大な家には、どうやらサイエンス好きの住人がいるようです！ レゴブロックで作る実験室(ラボ)用に、実物大の器材を組み立てましょう。

ラボの器材

実際のラボにあるベーシックな器材には、どのようなものがあるでしょう？ ここにあるのは、ガスの炎が出るブンゼンバーナー、背の高い三脚(さんきゃく)、安全マット、熱を加える実験で使う、金網の上に置かれた耐熱(たいねつ)るつぼです。

ブンゼンの分解図

ブンゼンバーナーの細長い本体部分は、2×2のラウンドブロックをかさねたもの。中央の穴にレゴ®テクニック十字軸を1、2本通せば、内側から補強できます。

トング

実験を慎重に進めるため、ラボ内で試験管を移動するさいはトングを使いましょう。ゴムバンドを活用したこの実物大のトングは、本物と同じように使えます！

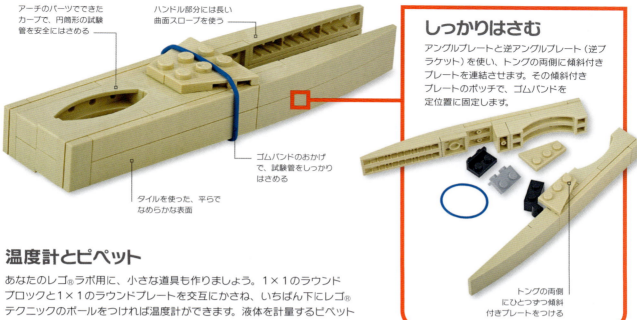

- アーチのパーツでできたカーブで、円筒形の試験管を安全にはさめる
- ハンドル部分には長い曲面スロープを使う
- ゴムバンドのおかげで、試験管をしっかりはさめる
- タイルを使った、平らでなめらかな表面

しっかりはさむ

アングルプレートと逆アングルプレート（逆ブラケット）を使い、トングの両側に傾斜付きプレートを連結させます。その傾斜付きプレートのポッチで、ゴムバンドを定位置に固定します。

- トングの両側にひとつずつ傾斜付きプレートをつける

温度計とピペット

あなたのレゴ®ラボ用に、小さな道具も作りましょう。1×1のラウンドブロックと1×1のラウンドプレートを交互にかさね、いちばん下にレゴ®テクニックのボールをつければ温度計ができます。液体を計量するピペットを作るには、1×1のラウンドブロックをかさね、細い先端になるバーをさします。それから2×2のレーダーアンテナ、コーン、ドーム型ブロックを使い、丸くふくらんだゴム球を組み立てます。

- 小さなレゴ®テクニック十字軸が、このコーンとドーム型ブロックをつないでいる
- **ピペット**
- **温度計**
- 赤いパーツが温度を示す

試験管

透明な丸いパーツで、中が透けて見える試験管を組み立てましょう。試験管内では、カラーのパーツで作った謎の化学物質が泡立ったり渦を巻いたりしています。色や液体の量をばらばらにして変化をつけます。試験管をまっすぐに立てておく台も忘れずに！

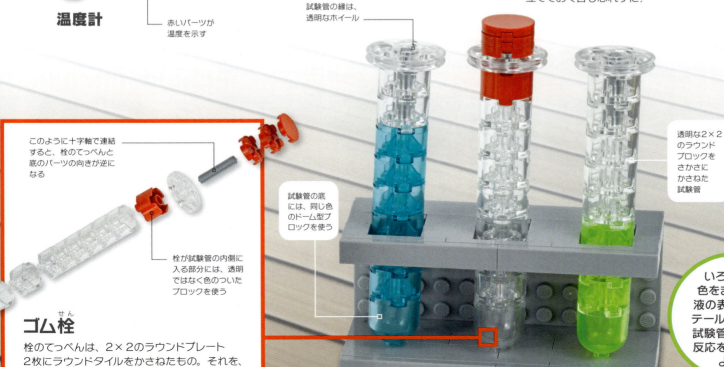

ゴム栓

栓のてっぺんは、2×2のラウンドプレート2枚にラウンドタイルをかさねたもの。それを、試験管の縁になるホイールの中心の穴に通したレゴ®テクニック十字軸と連結させます。

- このように十字軸で連結すると、栓のてっぺんと底のパーツの向きが逆になる
- 栓が試験管の内側に入る部分には、透明ではなく色のついたブロックを使う
- 試験管の縁は、透明なホイール
- 試験管の底には、同じ色のドーム型ブロックを使う
- 透明な2×2のラウンドブロックをさかさにかさねた試験管
- いろいろな色をまぜたり、液の表面にディテールを加えて、試験管内で化学反応を起こさせよう！

| 178 | リアルワールド | 人間の食べ物 | 組み立てかた |

バナナ

危機一髪！　何が起きたかわからないまま、危ないところで命拾いしたテック4。こんどの探検場所は、これまでよりもずっと安全そうに見えます。それに、なんだかおいしそうなにおいが……でも、ちょっと熟れすぎ？　レゴブロックで実物大の食べ物を組み立てましょう。まずは、少し黒くなりかけたバナナ！

ここからスタート

この4×4の逆ダブルスロープを使えば、底の部分にちょうどいいカーブがつく

このプレートで4枚のクリックヒンジ付きプレートを固定する

1 ほどよいカーブ

まず、バナナの真ん中の部分を構成する2つのセクションの一方から始めます。リアルなカーブをつけるために、バナナのモデルは部位ごとに組み立ててあとでつなげるので、真ん中のセクションの両端にクリックヒンジを組みこんでおきましょう。

同色の部分にはブロックを、斑点もようを入れる部分にはプレートを使う

2 ちょっと熟れすぎ

完熟バナナは全体が黄色ですが、このバナナは少し熟れすぎかもしれません！　黄色いブロックとプレートでバナナの本体部分を組み立てるさい、ところどころに黒いパーツを入れて熟れた感じを出しましょう。

バナナ本体のカーブに沿って軸に角度をつける

2×2のコーンに1×1のラウンドブロック、1×1のスロープをかさねた軸を、ヒンジで黄色い部分の先端と連結させる

左右対称の2×4の傾斜付きプレート

クリックヒンジ（ロックキャッチ）付きプレートで軸に近いセクションと次のセクションをつなげる

「これは夢なのかな？」

軸に近い部分

バナナの軸に近い部分はたいていほどよく熟しているので、おもに黄色いブロックを使い、房からもぎ取った軸にだけ黒いパーツを使います。底のほうは逆ダブルスロープなどウェッジ型（くさび形）のパーツ、上のほうはスロープと傾斜付きプレートで形を作っていきます。

3 真ん中のセクションを仕上げる

底のパーツの形に沿ってスロープで表面を組み立てます。次に、もうひとつのセクションも同じ形に組み立てますが、こんどは黄色と黒のパターンを変えてみましょう。

その色をどれだけ入れたいかによって、2×2または1×2のスロープを使う

積みあげ式バナナ

まったく違う方法で、同じようにカーブしたバナナを作ることができます。こちらは、ブロックを下から上に積みあげていく方法で、両端が真ん中よりも段階的に持ち上がっていきます。

バナナの実を黄褐色または白のブロックで組み立て、表面の黄色い"皮"をむく！

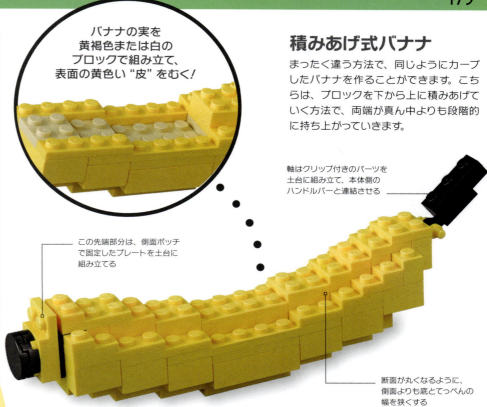

軸はクリップ付きのパーツを土台に組み立て、本体側のハンドルバーと連結させる

この先端部分は、側面ポッチで固定したプレートを土台に組み立てる

断面が丸くなるように、側面よりも底とてっぺんの幅を狭くする

4 カーブでクリエイティブに

真ん中のセクションが2つともできたら、右の囲み内の手順に沿って両端のセクションも組み立てます。全部つなげれば、みごとなバナナのできあがり！各セクションの底のほうにつけたクリックヒンジで、カーブした形に曲げることができます。

このセクションは真っ黒い先っぽに近いため、左のセクションよりも黒いパーツを多く使う

左右対称の2×4の傾斜付きブロックで、先端に向かって幅がだんだん狭くなる

本体と連結するためのクリックヒンジ（ロック）付きプレートを組みこんでおく

熟れすぎた先っぽ

上にかぶせる左右対称の大きな曲面スロープは、この部分の底に使われている逆曲面スロープと形がよく似ています。レゴ®テクニックピンを1×2の穴あきブロックに通し、先端のラウンドプレートと連結させます。

フルーツと野菜

さらに調査を進めたテック4は、食料貯蔵庫いっぱいの膨大な量の農産物を発見します。これだけあれば、ミニフィギュアのスペースコロニーなら何年も暮らせるぞ！　バナナのあとは、ほかにどんなフルーツや野菜が作れるでしょうか？

次は何を作る？

フルーツや野菜は、形もサイズもいろいろ。手持ちのレゴブロックのなかに、おいしいものが作れるパーツがきっとあるはず。

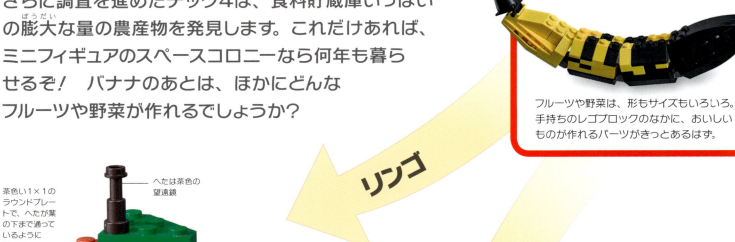

リンゴ

丸いベースからパーツを積みあげていき、リンゴのような丸い形を作ります。中心にかけて段階的に輪を大きく、そこからてっぺんに向かってまた小さくしていきます。葉っぱと"へた"をつければ、なんのフルーツかひと目でわかります！

- 茶色い1×1のラウンドプレートで、へたが葉の下まで通っているように見える
- へたは茶色の望遠鏡
- 大きくどっしりした形を作るにはブロックを、こまかく精緻な部分にはプレートを使う

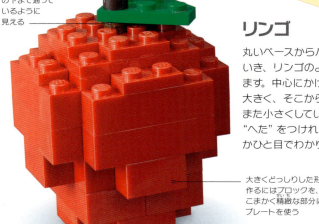

トウガラシ

気をつけて——このトウガラシは激辛ですよ！　むずかしいのは、とちゅうでクキッと折れ曲がった形にするところ。傾斜付きプレートでシンプルに、あるいは丸いパーツとヒンジを使ってより立体的にトウガラシを組み立てましょう。

- このトウガラシは、大半が2×4の傾斜付きプレートでできている
- 1×2のプレートと1×1のコーンで作ったへた
- ポッチ1個の連結なら、好きな角度でつなげられる
- 先っぽは2×2のコーン

カーブをつける

1×2のベースに2×2の可動プレートを組み合わせたヒンジで屈曲部を作り、トウガラシの上半分と下半分のあいだに1×2のスロープをはさみます。

- 実のてっぺんに、レゴ®テクニック十字軸でへたをつける
- スロープ1×2

西洋ナシ

西洋ナシ

丸い形のフルーツを組み立てる方法が、もうひとつあります！ オーソドックスな方法で組み立てたリンゴと違い、この西洋ナシは側面ポッチ付きブロックで作った"芯"から外側に向かって組み立てていきます。

へたの部分は、2×2のコーンに連結させた1×1のラウンドブロックと1×1のスロープ

2個のパーツでできたヒンジで、てっぺんを少し曲げる

濃い色のパーツと薄い色のパーツをまぜて、表面をまだらにする

前後＆左右

プレート2枚と側面ポッチ付きブロック4個を交互にかさね、芯を組み立てます。次に、プレートをかさねあわせて、ポッチ4個分の幅の前面と背面を、さらにポッチ2個分の幅の両側面を組み立てます。

ポッチが逆を向くように、1×1の側面ポッチ付きブロックを背中合わせにならべる

2×2のプレート2枚を、側面ポッチ付きブロック4個と交互にかさねる

底は2×2のラウンドプレート

キノコ

キノコ

キノコの組み立てかたは、たくさんあります。丸い大きな傘にはレーダーアンテナやドーム型ブロック、細い円筒形の軸には1×1や2×2のラウンドブロックを使ってみましょう。

表面に溝があるラウンドブロックでディテールが加わる

小さめの傘には、2×2のドーム型ブロックを使おう

毒キノコにはカラフルなパーツを、調理ずみのキノコにはグレーと黒のパーツを使おう！

野菜もフルーツも、できたてで新鮮よ。

ニンジン

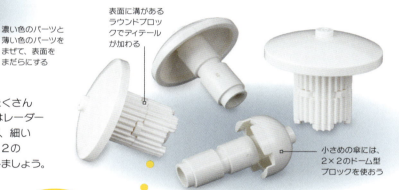

基本はこれ

ポッチが外側に向くように背中合わせにした2×2のラウンドプレートを、短いレゴ®テクニック十字軸で固定します。これを2セット使い、4×16の長いウェッジスロープを2つつなぎ合わせます。ニンジンの葉の部分は、1×1のヘッドライトブロック2個にかさねた1×2のジャンパープレートに連結させます。

本体は4×16のウェッジスロープ

ニンジン

オレンジ色と緑色のパーツがあれば、とてもすてきなニンジンができるはず！ここでは2通りの組み立て方法を紹介します。パーツをたくさん使った方法と、ほんのひとにぎりのパーツでできる方法です。あなたはどの方法で組み立てますか？

最後のラウンドブロックはさかさにして、レゴ®テクニック十字軸でつなげる

このニンジンの本体は、2×2のラウンドブロックを積みかさね、先に2×2のコーンをつけたもの

182　リアルワールド　＞　人間のおやつ　＞　組み立てかた

ジンジャーブレッドマン

テック4は、いままで見たことのない生き物を発見しました！　もしかして、この世界の真の支配者は、"人間" という恐ろしい生き物ではなくこれなのか？ジンジャーブレッドマンは、焼いて作るよりもブロックで組み立てたほうがかんたんです。作りかたはこちら！

ここからスタート

1×2のタイルで、てっぺんのポッチをおおう

目は1×1のプリント付きラウンドタイル。丸い穴のあいた1×2のブロックにさしたポッチ付きレゴ®テクニックピンにはめこむ

1　頭が先

まず頭を組み立てます。てっぺんにスロープを2個、下に逆スロープを2個つけて丸い形を作ります。次に前から目玉をはめこみ、白いプレートでにっこり笑ったアイシング（砂糖衣）の口をつけます。

2　焼きたてボディー

黄褐色または茶色のブロックで、焼きたてのジンジャーブレッド（ショウガ入りクッキー）でできた平らな体を組み立て、白いアイシングのディテールを加えます。ゼリー菓子のボタンをならべ、腕をつけるために、外側に向いたポッチを組みこんでおきます。クールな蝶ネクタイをつけてもすてきです！

1×4のプレートで側面ポッチ付きブロックを固定する

1×1の側面ポッチ付きブロック

目と同様、ボタンも穴あきブロックとピンで取りつける

前に向いたポッチに1×1のクリップ付きプレートをはめると蝶ネクタイになる

3　走れ、走れ、突っ走れ……

1×2のスロープと逆スロープを組み合わせて脚に角度をつけ、「V」をさかさにした形に仕上げます。れんがの壁と同じようにジグザグにブロックを積みかさね、数枚のプレートをプラスしてしっかり連結させましょう。

逆スロープ1×2

白い1×3のプレートがアイシングで引いたズボンのラインになる

足の底は1×2のプレート

4 腕をポキッと

腕は1×2のブロック1個、1×2のプレート3枚、1×1のスロープ2個でできています。ポッチ1個で体と連結しているので、本物のジンジャーブレッドマンの腕と同じように、かんたんにポキッともぎ取ることができます！

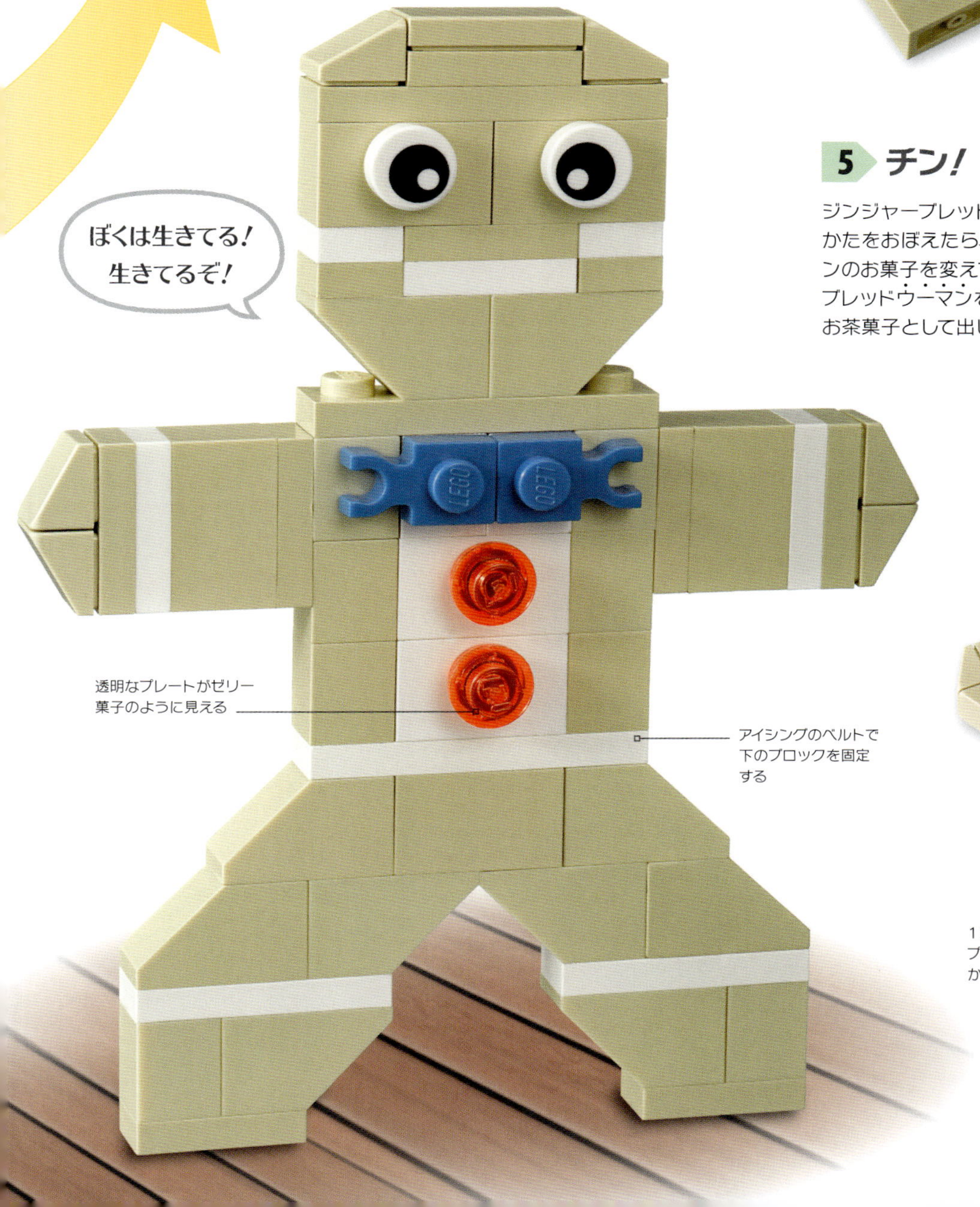

> ぼくは生きてる！生きてるぞ！

透明なプレートがゼリー菓子のように見える

アイシングのベルトで下のブロックを固定する

5 チン！ 焼き上がり

ジンジャーブレッドマンができあがりました！ 組み立てかたをおぼえたら、アイシングのデザインやデコレーションのお菓子を変えて、ジンジャーブレッドマンやジンジャーブレッド・ウー・マンをたくさん作りましょう。パーティーのお茶菓子として出してもいいかも……。

> あーあ、食べられちゃった。

1×1のラウンドプレート数個で、かけらを作る

食べかけの状態

いろいろな焼き菓子

テック4は、食料貯蔵庫の奥にある未知の領域へとふみこんでいきます。そこで彼は、「さわるな」と書かれた巨大なガラス瓶にしまいこまれた貴重な宝を見つけました。その宝は食べられるだけでなく、ものすごくおいしそうです！

次は何を作る？

ブロック製のジンジャーブレッドを作ったら、ほかにもいろいろな焼き菓子を作ってみよう！ まずは、クッキーやトレイベイク（四角い型に入れて焼くお菓子）に挑戦。

クリームサンドビスケット

クリームをはさんだビスケットを作りましょう。黄褐色の平らなパーツで2枚のビスケットを組み立て、白い2×2のジャンパープレート2枚で、あいだにはさむカスタード風味のクリームを作ります。

むきだしのポッチが、オーソドックスなビスケットの表面に似ている

きれいにサンド

下のビスケットの表面に敷いたタイルとジャンパープレートで、クリームのパーツを中央に固定できる。

上のビスケットは、プレートを2層にかさねて作る

タイルで、クリームが塗られたなめらかな表面になる

コーヒーファッジ・ブラウニー

さまざまな色あいの茶色いプレートを使って、ファッジ（やわらかいキャンディー）が入ったブラウニーを組み立てましょう。表面にならべたタイルは、コーヒークリーム。

長いプレートと短いプレートを組み合わせ、しっかり積みかさねる

ヌガー色のパーツを使って、チョコとキャラメルがたっぷりトッピングされた百万長者（ミリオネア）のショートブレッドも作ってみよう！

ぼくたち、紅茶とすごく相性がいいんだ。

チョコレートビスケット

3層になったこのお菓子は、プレートをシンプルに組み合わせて作ります。長いチョコレートビスケットには茶色のプレート、あいだにぎゅっとはさまれたチョコバタークリームには、こげ茶色のプレートを使います。

- 1×6と2×6のプレートの位置を、層ごとに入れかえる
- 3×6のプレートはないので、ポッチ6個分の長さのプレートをいくつか組み合わせてこの形にする

チョコサンドクッキー

2枚の黒い4×4のラウンドプレートが、上下のチョコレートクッキーにぴったり。真ん中にある白い2×2のジャンパープレートについているポッチ1個で連結するため、上のクッキーをひねってはがし、クリームをなめることができます！

- ジャンパープレートのポッチが、この穴にはまる

中のクリーム

ジャンパープレートのまわりにならべた1×2のタイルが、たっぷりはさんだクリームになります。ポッチがないので、クッキーをひねってもひっかかりません。

クッキー

茶色、黄褐色、またはヌガー色のコーナープレート4枚を用意し、上からプレートを数枚かさねてつなぎ合わせ、厚くごつごつしたホームメイドクッキーを作りましょう。ところどころに、1×1のラウンドプレートやラウンドタイルのチップを散りばめます！

- 虹色のチップならカラフルなパーツ、チョコチップなら黒か茶色のパーツを使う
- プレートを1、2枚はずせば、かじったクッキーになる

186　リアルワールド　人間のおやつ　ほかに何が作れる？

ケーキとペストリー

もっているレゴ®のパーツをざっとながめて、どんなお菓子を作るか決めましょう。丸いパーツならベイクウェル・タルト、四角いパーツならバッテンバーグ・ケーキ。傾斜付きプレートとヒンジがあれば、楽しいバースデーケーキも作れます！

次は何を作る？

平らなクッキーとトレイベイクのあとは、ケーキづくりに挑戦。ここにあるおいしそうなケーキからアイデアを得よう。

レモンスライス

レモンスライス

プレートを積みかさねて、甘いクリームをはさんだレモン風味の四角いケーキを作りましょう。黄色のジャンパープレートを使ってななめにつけた白いタイルは、ストライプのアイシング。

上にかぶせたタイルで、3枚ならんだ1×2のジャンパープレートの合わせ目がかくれる

ストライプのアイシングになる1×3のタイルを、ジャンパープレートのポッチ1個でななめにつける。

正面側の端は、黄色い1×6のタイル

バッテンバーグ・ケーキ

バッテンバーグ・ケーキ

カラフルで美しいバッテンバーグ・ケーキづくりは、両端にある4×4のプレートに、黄色とピンクのタイルで市松模様をつけるところから始めます。ケーキのコア部分を囲むように、横向きのポッチがあるアングルプレートを配置すれば、プレートを外向きにはめて側面を仕上げることができます。

表面のポッチで、砂糖をまぶしたように見える

各側面は、黄褐色の4×8のプレート

ケーキの内側に組みこむだけのアングルプレートがなければ、ケーキ本体をブロックで組み立ててもいい。

チェリーベイクウェル

このタルトも、てっぺんのパーツはブロックで組み立てたバージョンと同じ

チェリーベイクウェル（タルト）

おいしいタルトづくりは、まず丸い茶色のベースから。ブロックで組み立てることもできますが、大きなハーフバレル（たるを半分に切った形）のパーツを使えばかんたんです。白いパーツを数段かさねてアーモンドフォンダン（クリーム状の砂糖衣）をかけ、てっぺんに赤いレゴ®テクニックボールの砂糖づけチェリーを乗せます。

4×4のレーダーアンテナがハーフバレルにちょうどはまる

ひみつの材料

ハーフバレルの中に、中心の穴にレゴ®テクニック十字軸を通した2×2のラウンドブロックが1個入っていて、それがレーダーアンテナを支える支柱の役目を果たします。

1×2のスロープで端に傾斜をつける

黄褐色のブロックとプレートで組み立てた、さくさくのタルト

バースデーケーキ

てっぺんに炎のパーツをさす

バースデーケーキ

ケーキをひと切れ作るには、まず傾斜付きプレートを三角形にならべ、クリームを塗った表面を組み立てます。次に、それに合わせてヒンジプレートで三角形のベースを作り、側面と背面を組み立て、表面の部分を取りつけます。最後にカラフルなデコレーションをほどこし、忘れずにロウソクも立てましょう！

ロウソク立ては花のパーツ

1×1のクリップ付きプレートとリング付きプレートが、すてきなデコレーションクリームになる

背面の白い壁は、クリームが塗られた外側の部分

丸や四角の透明でカラフルなプレートを入れれば、フルーツジャムの層になる

ひと切れいかが？

ケーキの先端には少しだけ開いたヒンジプレートを、背面には大きく開いたヒンジプレートを使います。ケーキの側面は、途中でフルーツジャムやクリームなどをはさみながら、ブロックの壁と同じように組み立てていきます。

強度を高めるため、ヒンジプレートは複数組みこむ

ケーキのフレーバーによってブロックの色を変える。たとえばバニラなら黄色、チョコレートなら茶色

ひと切れでじゅうぶんね。

アイスキャンディー

テック4は、氷の領域への入口を発見しました。重い扉の向こうは、凍った食べ物だらけの迷路のようです。宇宙船に似た形の何かを見つけた彼が、おそるおそる袋から出してひと口かじってみると、それは、とてもおいしい3色のアイスキャンディーでした！

ここからスタート

透明な1×1のラウンドタイル（ラウンドプレートでもいい）が氷のつぶになる。カラーのパーツを使えば、とけた果汁になる

1 アイスづくりの第一歩

まず、2×6の下段から組み立てます。最も幅の広いセクションです。側面ポッチ付きブロックを使えば、透明なパーツで氷のつぶを加えることができます。

2 どんどん積みあげる

次に、色を変えて2×4の中段を組み立てます。スロープで下の大きなセクションからななめにつなげ、ひと回り小さいブロックの壁を組み立て、てっぺんに1×2のジャンパープレートを4枚敷きます。

3 味もトップ

また色を変えて、こんどは2×3の上段を組み立てます。ジャンパープレートでポッチの位置を調節してあるため、中段のちょうど真ん中におさまります。1×1のスロープ、1×2のプレートとタイルを使い、てっぺんを丸い形に整えます。

4 "クール"なできばえ

底に棒つきキャンディーのようなスティックをつければ、ひんやり冷たいすてきなアイスキャンディーのできあがり！ 同じデザインで色違いのものや、とけた氷の位置を変えたものも作ってみましょう。国旗とおそろいの色で、愛国的なアイスも作れます！

埋めこまれた1×1のヘッドライトブロックで、表面近くに氷のつぶが入る

本物のアイスでは色が混じりあっているため、境目のパーツを少し混ぜる

ぼくの曲に負けないくらい"クール"だといいな。

スティックの構造

このスティックは、白い円筒形のレゴ®テクニック コネクター3本を、黒いレゴ®テクニック コネクターピンでつないだもの。いちばん上の十字軸付きピンがアイスの底と連結しています。

| リアルワールド | 人間のおやつ | ほかに何が作れる？ |

冷たいおやつ

ほかに、フリーザー（冷凍庫）に入っているどんなデザートが作れますか？ ちょうどいい色と形のレゴブロックさえあれば、細長い形や平べったい形のアイスはもちろん、チョコでコーティングされたアイスだって作れます。

次は何を作る？

前のページで使ったテクニックを応用し、違う種類のアイスキャンディーも作れます。

うずまきアイス

かじったチョコアイス

ストロベリーディップ

てっぺんは1×2のタイルと、2×2のジャンパープレートにはめた2×2のレーダーアンテナ

茶色のパーツをはずして白いスロープを加えると、誰かがかじったように見える！

黄褐色の1×2のブロックを積みかさねた木のスティック

側面ポッチ付きブロックにはめた1×1のラウンドプレートは、甘いつぶつぶ

うずまきアイス

ストライプが入ったかなり複雑な形のアイスに挑戦してみましょう。2色のブロックを2×4の十字型に積みかさね、1段ごとに色を入れかえてストライプもようをつけていきます。

かじったチョコアイス

ブロックで組み立てた壁のてっぺんにスロープを乗せて、シンプルなチョコレートアイスを組み立てましょう。強度を高めるために、段ごとに2×2と2×3のブロックの配置を入れかえます。

ストロベリーディップ

シンプルなアイスの色とディテールを変えて、いろいろな種類を作りましょう。このアイスは、何かに"ひたした"ように上のほうの色が変わっています。

スイーツ ギャラリー

実物大のスイーツを組み立てれば、世界じゅうが あなただけのお菓子箱。透明なパーツは包み紙、十字軸や アンテナは棒つきキャンディーの棒、そしてあらゆる 色のレゴブロックが、カラフルなスイーツになります！

リコリスキャンディー（甘草入りキャンディー）

リコリスチューブ

サンシャインスイート（リコリス）

トフィー

ライムキャンディー

キャンディーケーン

うずまき キャンディー

外から見えない十字軸で、キャンディーの中心にレーダーアンテナを固定する。十字軸は八角形のバー付きプレートの穴を通っている。

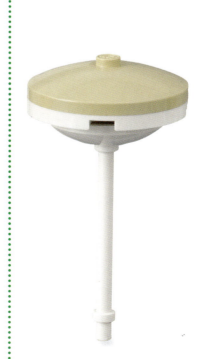

ソーサー（円盤）キャンディー

リコリスキャンディー

ベリー味のグミ

ブルービュレット（リコリス）

レモンキャンディー

ミントキャンディー

バターミントキャンディー

レゴ®テクニック十字軸で、2枚のプレートの底と底をつなぐ。

トロピカルキャンディー

ストロベリーキャンディー

ブルーベリーキャンディー

ピンホイール（かざぐるま）キャンディー

虫歯には、気をつけたまえ。

192　リアルワールド　＞　人間のおやつ　＞　大作モデル

プレートとタイルを使ってリボンを組み立てる

曲面ハーフアーチが、結んだ輪の部分になる

2枚の傾斜付きプレートで作ったカード

チョコのお部屋

箱の内側は黒いブロックで組み立て、なめらかなタイルでおおいます。仕切られた各スペースの底をタイルにすることで、チョコレートをかんたんに取り出せます。

チョコレートボックス

いろいろなチョコレートを組み立てたら、ひとつひとつがぴったりおさまる仕切りを作りましょう。それができたら、次は実際にはずせるふたがついた箱です。リボンをかけてカードを添えれば、いちだんとすてきなプレゼントになります。

この箱は16×16の大きなプレートをベースに組み立てられているが、もっと小さなプレートを何枚か組み合わせてもいい

ボックス入りのチョコレート

テック4のもとへ、宇宙船から「いま救助に向かっている」と返信が届きました！ 残された時間でおこなう最後の探索は、箱いっぱいのきれいなチョコレート。ひとつひとつ形が違うチョコレートに、テック4は興味津々(きょうみしんしん)です。これはひとつ残らず味わって(テイスト)……じゃなくて、調べて(テスト)みなくちゃ！

> レゴブロック
> 100パーセント
> ベジタリアン向き
> 実際の食用には適さない

チョコレート・セレクション

チョコレートを作るときには、ただ茶色のブロックだけを使うのではなく、黄褐色のパーツでナッツをトッピングしたり、白いパーツでホワイトチョコのディテールを加えたりしましょう。金紙に包まれた特別なチョコレートを1個加えるのも忘れずに。

茶色と黒のプレートを横方向に連結させ、端にタイルをつける

3×3の半球のパーツにスライドプレートを乗せたヘーゼルナッツ・チョコ。

グリルでホワイトチョコの細いストライプを入れる

ジャンパープレートのポッチに歯プレートをはめる

金紙で包まれたチョコレートは、2×2のドーム型ブロック、1×1のラウンドプレート4枚、2×2のラウンドプレート1枚でできている。

花プレートを使ったきれいなトッピング

1×1のラウンドプレートが、きざんだナッツのトッピングになる

1×1のトップクリップ付きプレートに、つののパーツをはめる

ブロックギャラリー

この本に出てくるモデルには、無数のパーツが使われています。ここでは、みなさんがもっていそうなパーツのなかから、とくに便利なものをいくつか紹介します。パーツたちは、みなさんが独自のレゴ®ワールドを構築してくれるのを待っているのです。

プレート 1×2

ブロック 2×2

ブロック 2×3

ブロック 1×1×5

プレート 1×1

曲面ブロック 2×3

電球 1×1

ブロック 1×2

曲面スロープ 1×3

プリントブロック 1×1

テクスチャーブロック（グリルブロック）1×2

ラウンドブロック 1×1

ラウンドブロック 4×4（穴あき）

穴あきカーブプレート 2×3

ラウンドブロック 2×2（穴あき）

穴あきブロック 1×2（穴2個）

プレート 1×4

アンテナ

よし、必要なのは1×2のブロックが数個と、ヒンジプレートが2枚、それにバーが1本だな。

レゴ®テクニック十字軸

バー

スケルトンアーム

プレート 4×6

ターンテーブル 2×2

ヘッドライトブロック

シンプルなものから、すごく複雑なものまで、パーツさえうまく使えばなんでも作れるんだよ！

ちょっと！ヒツジは単純（シンプル）な生き物だって言うの？失礼ね！

 逆スロープ 1×2×3	 垂直クリップ（トップクリップ）付きプレート 1×1	 はしご（クリップ2個付き）
	 水平クリップ（サイドクリップ）付きプレート 1×1	
 スロープ 1×2	 サイドリング付きプレート 1×1	
 側面ポッチ付きブロック 1×4	 旗（クリップ2個付き）	 プレート 1×2（クリップ2個付き）
 アングルプレート 1×2／1×4	 アングルプレート 1×2／2×2	 ハンドルバー付きプレート 1×2
 ログブロック 1×2	 垂直バー付きプレート 1×2	 サイドバー付きプレート 1×2
 コーナープレート 2×2	 レゴ®テクニックピン（十字軸付き）	 レゴ®テクニック ハーフピン

ポッチ付きストリングロープ

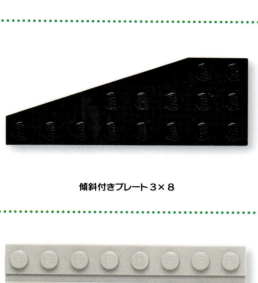 傾斜付きプレート 3×8	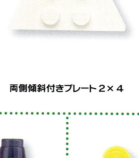 両側傾斜付きプレート 2×4	ラウンドコーナープレート 4×4
 サイドレール付きプレート 1×8	コーン 1×1 ラウンドプレート 1×1	歯プレート つの
スライドプレート 2×2	レーダーアンテナ 2×2	花プレート（穴あきポッチ付き）  アンテナ
竹	ドーム型ブロック 2×2	 長旗  壁の部品 1×2×3  アーチ窓 1×2×2
花とくき	クリームパイ	
 小型の葉	 炎	 窓付き木製ドア リボルバー  クリスタル（水晶）

Senior Editor Hannah Dolan
Senior Designer Lisa Sodeau
Project Art Editor Lauren Adams
Design Assistant Ellie Bilbow
Pre-Production Producer Siu Chan
Senior Producer Louise Daly
Managing Editor Simon Hugo
Design Manager Guy Harvey
Art Director Lisa Lanzarini
Publisher Julie Ferris
Publishing Director Simon Beecroft

Models built by Yvonne Doyle, Alice Finch, Rod Gillies, Tim Goddard,
Tim Johnson, Barney Main, Drew Maughan and Pete Reid
Photography by Gary Ombler
Cover design by Jon Hall

First published in Great Britain in 2015 by Dorling Kindersley Limited
80 Strand, London, WC2R 0RL
A Penguin Random House Company

15 16 17 18 19 10 9 8 7 6 5 4 3 2 1
001–259439–Sept/15

Original Title LEGO® Awesome Ideas
Page design copyright © 2015 Dorling Kindersley Limited.
A Penguin Random House Company

LEGO, the LEGO logo, the Brick and Knob configurations and the Minifigure
are trademarks of the LEGO Group.
© 2016 The LEGO Group. All rights reserved.
Manufactured by Dorling Kindersley under license from the LEGO Group.

Japanese translation rights arranged with
Dorling Kindersley Limited, London
through Fortuna Co., Ltd. Tokyo.

For sale in Japanese territory only.

All rights reserved.
No part of this publication may be reproduced, stored in or introduced into
a retrieval system, or transmitted, in any form or by any means (electronic,
mechanical, photocopying, recording or otherwise), without the prior
written permission of the copyright owner.

A CIP catalogue record for this book is available from the British Library.
ISBN: 978-0-24118-298-7

Color reproduction by Tranistics Data Technologies Pvt. Ltd.
Printed in China

www.LEGO.com
www.dk.com

A WORLD OF IDEAS:
SEE ALL THERE IS TO KNOW

【レゴ®すごいアイデア】

2016年11月10日　第1刷発行　　2020年8月7日　第3刷発行

著者：ダニエル・リプコーウィッツ
訳者：五十嵐加奈子（いがらし・かなこ）
発行者：千石雅仁
発行所：東京書籍株式会社
東京都北区堀船2-17-1　〒114-8524
電話：営業 03-5390-7531　編集 03-5390-7455
https://www.tokyo-shoseki.co.jp
印刷・製本：Leo Paper Products Ltd.

Copyright ©2016 by Tokyo Shoseki Co., Ltd. All rights reserved
ISBN 978-4-487-80963-9 C0076

Printed and bound in China (Book)
Printed in Japan (Jacket)

禁無断転載　乱丁、落丁はお取替えいたします。本体価格はカバーに表示してあります。

Acknowledgments
Dorling Kindersley would like to thank: Randi Sørensen, Henk van der Does,
Melody Caddick, Alexandra Martin, Heike Bornhausen, Paul Hansford, Robert Ekblom
and Lisbeth Finnemann Skrumsager at the LEGO Group.
Tokyo Shoseki would like to thank: Kanako Igarashi, Ryuichi Aso, Yukio Yamamoto
and Sayaka Iwasaki.